Mohd. Sadique Shaikh Anwar
Safina Parveen Munsaf Khan

Introdução à tecnologia de realidade virtual e aumentada (V/A R)

AF301838

Mohd. Sadique Shaikh Anwar
Safina Parveen Munsaf Khan

Introdução à tecnologia de realidade virtual e aumentada (V/A R)

Centrar-se nas áreas de aplicação actuais e futuras

ScienciaScripts

Imprint

Any brand names and product names mentioned in this book are subject to trademark, brand or patent protection and are trademarks or registered trademarks of their respective holders. The use of brand names, product names, common names, trade names, product descriptions etc. even without a particular marking in this work is in no way to be construed to mean that such names may be regarded as unrestricted in respect of trademark and brand protection legislation and could thus be used by anyone.

Cover image: www.ingimage.com

This book is a translation from the original published under ISBN 978-613-4-92785-7.

Publisher:
Sciencia Scripts
is a trademark of
Dodo Books Indian Ocean Ltd. and OmniScriptum S.R.L publishing group

120 High Road, East Finchley, London, N2 9ED, United Kingdom
Str. Armeneasca 28/1, office 1, Chisinau MD-2012, Republic of Moldova, Europe
Printed at: see last page
ISBN: 978-620-8-09923-7

Copyright © Mohd. Sadique Shaikh Anwar, Safina Parveen Munsaf Khan
Copyright © 2024 Dodo Books Indian Ocean Ltd. and OmniScriptum S.R.L publishing group

Conteúdo

Dedicado a

A minha mãe "Shahenaaz Parvin"

A minha mulher "Safeena Sadique Shaikh"

O meu filho querido "Md. Nameer Shaikh"

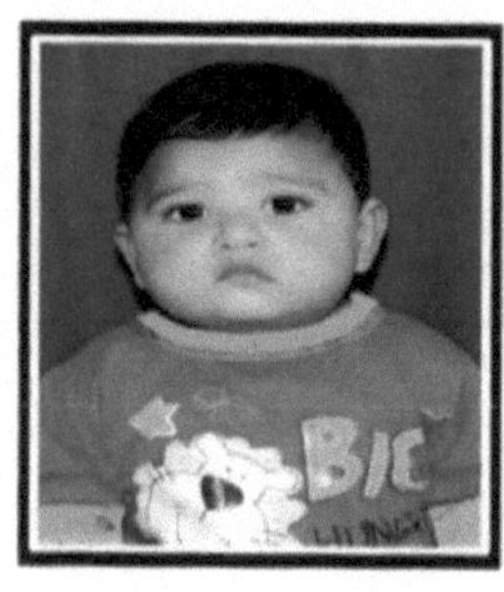

E

O meu amigo íntimo "Tanvir Sayyed"

O meu amoroso pai " Shahenaaz Bi & d

Munsaf Khan"

O meu irmão "Riyaz Khan"

Segmento 1: Perspetiva histórica da Realidade Virtual e Aumentada

Realidade aumentada ao longo da história

O termo realidade aumentada aparece pela primeira vez em

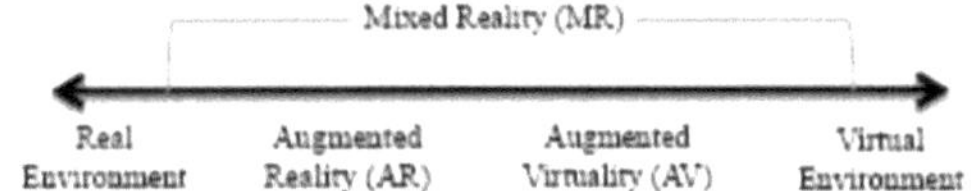

Nos anos 50, Morton Heilig, um operador de câmara de cinema, acreditava que o cinema, enquanto arte, deveria ser capaz de atrair o espetador para a atividade no ecrã. Em 1962, Heilig desenvolveu um modelo da sua ideia, que designou em 1955 como "O Cinema do Futuro", conhecido como Sensorama, que existia antes da computação digital [5]. Depois, Ivan Sutherland concebeu o head mounted em 1966 [2,5]. Em 1968, desenvolveu um protótipo funcional do primeiro sistema de RA [2]. Depois disso, em 1975, Myron Krueger criou um laboratório de realidade artificial chamado video place. Trata-se de uma área que permite aos utilizadores lidar facilmente com os elementos virtuais pela primeira vez [5,6].

No início da década de 1990, a RA tornou-se um domínio de estudo. Em 1997, Ronald Azuma realizou o primeiro estudo sobre RA e introduziu uma definição amplamente aceite de RA. Definiu-a como a montagem conjunta de ambientes reais e virtuais, ambos gravados em 3D e interactivos em tempo real [5,7]. Em 2000, Bruce Thomas inventou o primeiro jogo de RA móvel e apresentou-o durante o Simpósio Internacional sobre Computadores Portáteis [5,6]. Em 2007, foram desenvolvidas novas aplicações médicas. Depois disso, foram concebidas mais aplicações de RA, em especial para aplicações móveis, por exemplo, o Wiki- tude AR Travel Guide foi criado em 2008 [5]. Em 2008, a Gartner Inc. previa que a RA estaria entre as primeiras 10 tecnologias problemáticas no período de 2008 a 2012 [2]. Além disso, é evidente que o número de aplicações acessíveis de RA aumentou subitamente e expandiu-se para incluir não só as aplicações de pesquisa com base na localização, mas também as aplicações de redes sociais, jogos, instrução, estilo de vida e cuidados de saúde individuais [7]. A figura mostra a evolução da realidade aumentada ao longo da história.

Arquitetura do sistema de realidade aumentada

As quatro tarefas levadas a cabo pelo sistema de RA são: captura da cena; identificação da cena para escolher a formação exacta para a aumentar; processamento da cena e visualização da cena aumentada [8,9]. Estas tarefas são descritas em pormenor da seguinte forma:

Captura de cena

Em geral, os dispositivos utilizados na captura de cenas são componentes físicos que reconhecem a realidade que deve ser ampliada. Existem dois tipos de dispositivos de captura de cenas:

Dispositivos de vídeo: Estes dispositivos captam a realidade de uma forma diferente dos outros dispositivos utilizados para visualizar a realidade aumentada (por exemplo, câmaras de vídeo e telemóveis inteligentes).

Dispositivos transparentes: Estes dispositivos captam a realidade e dão uma imagem da mesma com a informação aumentada (por exemplo, ecrãs montados na cabeça).

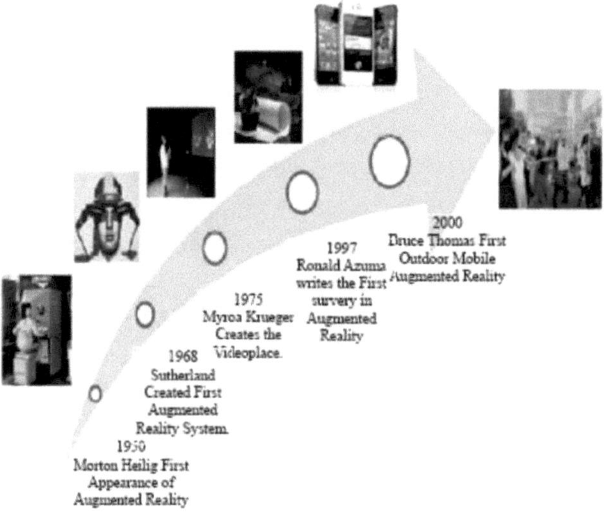

Técnicas de identificação de cenas

A identificação da cena classifica os cenários. Além disso, é considerada uma das principais acções realizadas no aumento da realidade. Existem dois tipos básicos de técnicas de identificação de cenas que são abordados de seguida:

Baseada em marcadores: A abordagem baseada em marcadores utiliza marcadores que têm a forma de etiquetas visuais contidas no cenário real que é percepcionado pelo sistema de RA. A figura mostra o exemplo de um marcador.

Não baseados em marcadores: Os sistemas de RA que não utilizam marcadores recorrem a dispositivos para identificação de cenas. Por exemplo, o navegador de RA utiliza marcadores para ajudar os utilizadores a visualizar e a navegar em dados digitais no ambiente do mundo real. Por exemplo, o utilizador pode andar pela cidade à procura do seu restaurante preferido. Através da funcionalidade de vídeo que existe no seu navegador de AR, pode encontrar facilmente o restaurante que procura em vez de procurar num mapa. Além disso, enquanto se desloca, o navegador pode facilmente fornecer informações sobre o local onde se encontra, por exemplo, o ponto específico em que está interessado, clínicas, restaurantes, etc. Como mostra a Figura.

Processamento de cenas

Depois de calcular o ponto de um marcador específico no espaço real de acordo com os parâmetros internos e externos da câmara, o sistema procura o modelo virtual correspondente a cada marcador no 3D.

Cena de visualização

No final, o sistema produz a imagem do objeto 3D projetado e do espaço real e transmite a imagem da cena que mistura realidade e virtualidade no caso de utilização de marcador e apresenta informação digital quando utilizada técnica de identificação de cenas sem marcador

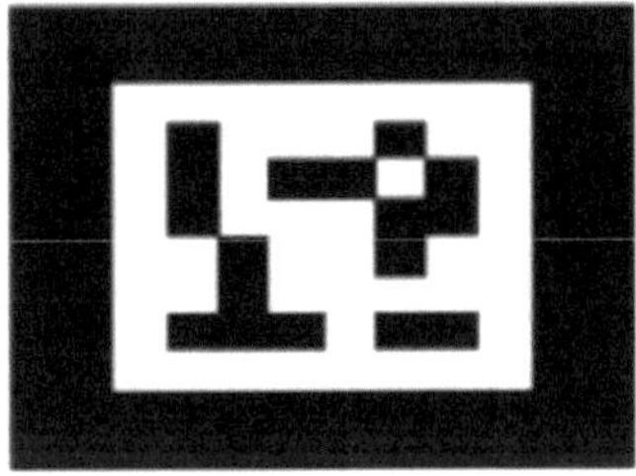

Exemplo de fabricante

Exemplo de não fabricante

Aplicações de Realidade Aumentada

O número de aplicações que utilizam a realidade aumentada está a aumentar continuamente e os resultados são evidentes em muitos domínios, por exemplo, cuidados de saúde, negócios, educação e diversão. Esta secção trata de resumir as investigações anteriores que exploram as aplicações de realidade aumentada.

Médico

Aprendizagem médica

É bem conhecido o facto de a RA ter apresentado novas formas de apresentação de informações. O mundo dos cuidados de saúde seria reorganizado para ser representado numa forma de RA móvel. Essas informações relacionadas com a saúde podem ser apresentadas pela RA no seu aspeto visual extremo. A RA generalizou-se graças aos smartphones que são fornecidos com sensores e câmaras. Esses sensores permitem o fornecimento de informações precisas sobre o contexto das situações, o que permite aos médicos recolher informações, ilustrar e identificar as medidas e os procedimentos. Além disso, os médicos podem facilmente ter controlo sobre os doentes que necessitam de cuidados intensivos constantes, por exemplo, medindo a temperatura e os batimentos cardíacos, etc. Estas informações podem ser apresentadas através da RA. Como indicado na figura das aplicações que utilizam a RA na escola de medicina.

Formação médica

A RA tem tido grandes implicações na indústria médica; no entanto, as suas aplicações mais inovadoras surgem devido à utilização popular da tecnologia móvel. A RA é considerada muito benéfica no domínio da formação em cuidados de saúde. Por exemplo, o prestador de cuidados de saúde pode instalar facilmente um programa ou uma aplicação no seu telemóvel. Esse programa ou aplicação pode conter a lista principal de medidas médicas que os prestadores de cuidados de saúde podem selecionar. Quando o prestador de cuidados de saúde escolhe uma das medidas da lista, o primeiro ecrã mostra onde os padrões de rastreio devem ser colocados no corpo da pessoa doente. Depois de aplicar os padrões, inicia-se o modelo de treino.

Exemplo de realidade aumentada de livros práticos da escola de medicina na perspetiva do aluno no ecrã do telemóvel

O programa de formação apresentará uma simulação animada em 3D, indicando com precisão quando, onde e em que sentido as várias manobras devem ser efectuadas. Além disso, o utilizador pode alterar o ponto de vista da simulação movendo o telemóvel, para a frente ou para trás, através da animação. Para além disso, pode exibir avisos extra no decurso de determinados pontos das medidas. Como indicado na figura, uma das aplicações que utilizam a RA na formação médica.

Educação

E-book

Esta aplicação apresenta uma interface física (livro aumentado) baseada na tecnologia de realidade aumentada para a aprendizagem de componentes mecânicos padrão. Este livro foi incluído no curso de uma disciplina de gráficos de engenharia num curso de engenharia mecânica de uma universidade espanhola. A figura mostra o livro aumentado.

Educação das crianças

FETCH! O Lunch Rush é definido como uma aplicação de RA

Exemplo de formação em realidade aumentada

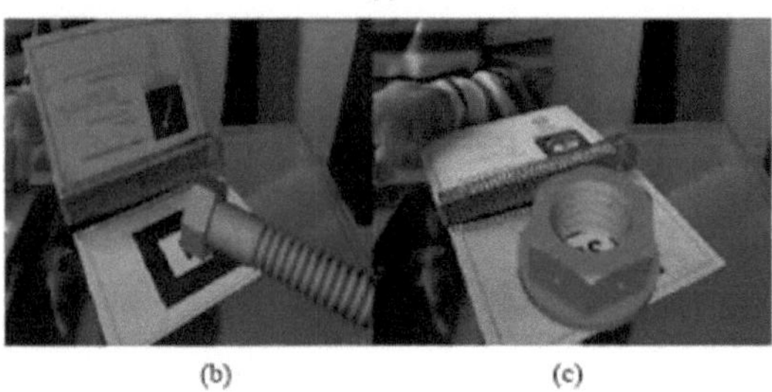

(a) Livro aumentado; (b) Exemplos de parafusos hexagonais (c) Exemplo de porca hexagonal que tem como objetivo o ensino de competências matemáticas a alunos do ensino básico através da utilização da visualização. Concebida em 3-D, a aplicação utiliza a câmara do smartphone para colocar fotografias na sua câmara sobre o ambiente do mundo real. Depois disso, a aplicação ensina os alunos do ensino básico a somar e subtrair utilizando situações do mundo real que permitem a visualização no momento de resolver problemas matemáticos. A figura mostra a aplicação FETCH Lunch Rush. Correspondência de objectos e palavras: Hoje em dia, os jogos digitais foram concebidos não só para divertir, mas também para estimular o processo de aprendizagem. A aplicação Matching Objects and Words (MOW) é um jogo de RA concebido e desenvolvido para ajudar a aprender palavras em várias línguas. A figura ilustra um exemplo do seu funcionamento.

Cupões móveis

Hoje em dia, os cupões móveis estão entre os clientes. Para os clientes, era um sonho impraticável ir à loja e receber todos os cupões de desconto diretamente no seu dispositivo móvel. Assim, o cupão móvel torna-se um instrumento importante. Com o desenvolvimento da tecnologia AR, os utilizadores tornaram-se capazes de obter boas ofertas locais nos seus locais de residência, como mostra a figura.

Compras de vestuário

O comércio eletrónico é considerado como um dos mais benéficos

aplicações das aplicações de RA. Especificamente nas compras de vestuário em linha, os utilizadores não conseguem prever se a roupa lhes serve ou não. Assim, as pessoas começam a associar a RA às compras electrónicas, por exemplo, às compras de vestuário. Este passo ajuda a ultrapassar o maior obstáculo que os utilizadores enfrentam na escolha de vestuário e, ao mesmo tempo, melhora o nível de qualidade e a competitividade deste negócio para novos níveis, como mostra a Figura.

Compra de produtos

As aplicações de RA fornecem aos clientes conteúdos valiosos. Estes conteúdos podem abordar as caraterísticas e vantagens dos produtos ou fornecer informações que ajudem os clientes a comparar os diferentes tipos de produtos e, assim, tomar a melhor decisão de compra.

Por exemplo, quando o consumidor que sofre de

Se o utilizador quiser comprar cereais, mas houver muitas marcas por onde escolher, pode facilmente tocar numa aplicação de RA para conhecer todos os produtos relevantes nesta informação e, assim, comparar facilmente as diferentes marcas e escolher a melhor para ele, como mostra a Figura.

FETCH Pedido de urgência para o almoço

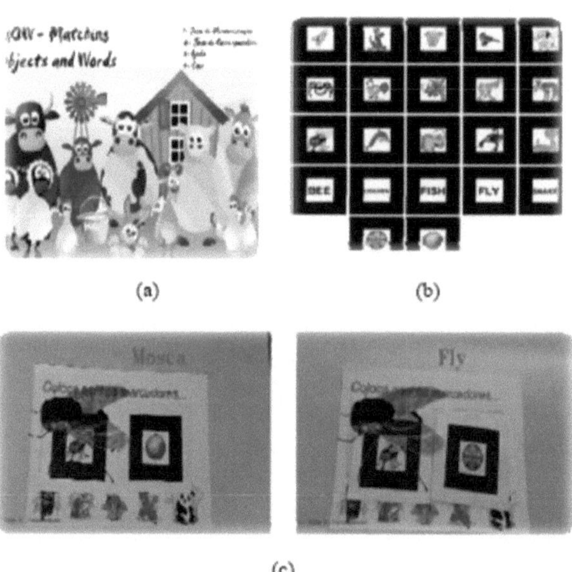

(a) Menu inicial do MOW; (b) Exemplo do criador de modelos utilizado no MOW; (c) Jogo 1 a ser jogado com palavras em português (imagem da esquerda) e inglês (imagem da direita)

Aplicação de cupões móveis classificada

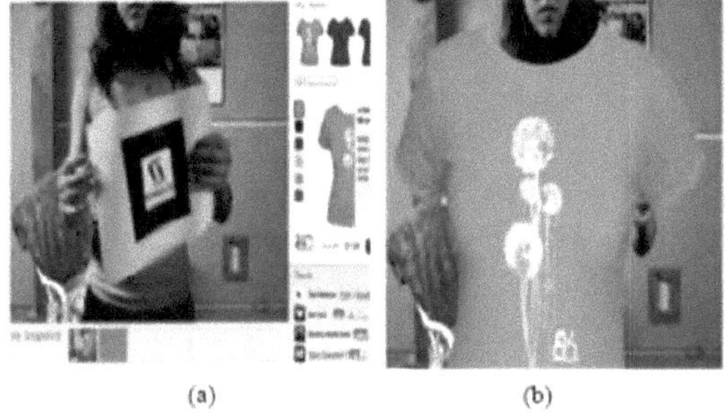

(a)   (b)

(a) Pesquisa da aplicação para o fabricante (b) Substituição do fabricante por um objeto vertical

Comprador a navegar por diferentes avaliadores

Os compradores dependem muito dos conteúdos sociais baseados na Web, por exemplo, análises de produtos, antes de comprarem qualquer produto. Os últimos inquéritos realizados no sector do comércio retalhista afirmam a importância dos conteúdos sociais, que são considerados o primeiro elemento a que se recorre antes de tomar a decisão de compra. Atualmente, este armazém de conteúdos baseado na Web só é acessível através de computadores que estão longe do local da experiência de compra propriamente dita. Uma aplicação móvel de RA difunde este conteúdo social do ecrã do computador para o mundo real através de dispositivos móveis, fornecendo aos clientes informações relacionadas com os produtos que os ajudam a perceber o momento adequado para tomar a decisão de compra, como mostra a Figura.

Publicidade

Aplicação do espaço de imagem

Uma vez que os telemóveis inteligentes estão equipados com

dispositivos, por exemplo, muitos sensores, são considerados os facilitadores perfeitos para a RA, uma vez que permitem aos utilizadores ver o mundo real através de uma lente mágica. A aplicação "Image Space" indica a forma como os utilizadores e as pequenas empresas podem apresentar o seu conteúdo, anunciando-o para visualização em RA, sem grande esforço, pelo que este conteúdo pode ser acedido imediatamente por qualquer utilizador que tenha instalado o cliente móvel Image Space no seu telemóvel. Como apresentado na captura de ecrã do nosso cliente móvel, conforme indicado na Figura, o feed da câmara ao vivo apresenta o mundo real quando, por outro lado, o banner digital é sobreposto na parte superior, fazendo com que pareça estar "parado" em frente à loja, mesmo que o utilizador mude de dispositivo.

Publicidade Campanha nos meios de comunicação impressos

Ao longo do último ano, várias marcas utilizaram a RA

para promover e comercializar os seus produtos, por exemplo, LEGO, JC Penny, Adidas, etc. Independentemente do tipo de aplicação, por exemplo, aplicações em linha ou móveis, todas foram concebidas de modo a envolver o utilizador de uma forma mais colaborativa do que o marketing tradicional. Atualmente, a realidade aumentada móvel (conhecida como MAR) permite que os vendedores e anunciantes melhorem os seus anúncios impressos no seu portfólio de tácticas de planos de comunicação. Recentemente, muitas empresas, como a Coca-Cola na Alemanha e a Absolute Vodka em Espanha, utilizaram a RMA para dar uma dimensão extra aos seus anúncios impressos actuais, como mostra a **figura**.

Cubos tangíveis

Esta aplicação oferece jogos de realidade aumentada que visam aprender de forma divertida sobre animais em perigo de extinção. Esta aplicação depende da utilização de cubos tangíveis como interface do utilizador, como indicado na figura. Através desta aplicação, as crianças ficam a conhecer muitas informações sobre as caraterísticas e os hábitos dos animais e as razões da sua provável extinção.

Tendências móveis nas compras de produtos

(a)   (b)

(a) Comprador a navegar por diferentes avaliadores (b) Comprador a concentrar-se num avaliador

enquanto navega por um livro numa prateleira

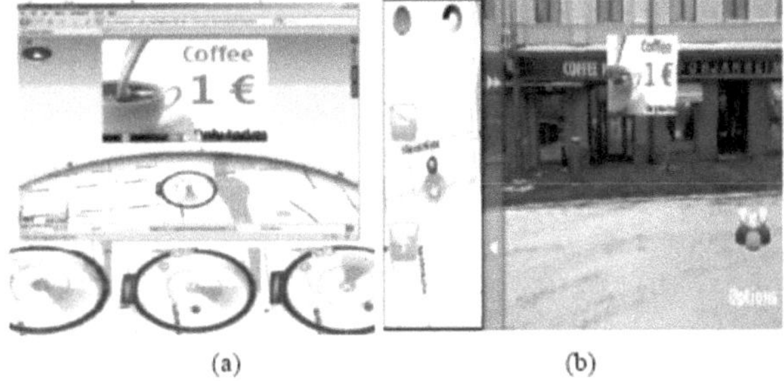

(a) Colocação de uma faixa num mapa (b) Exemplo de uma faixa de um café no cliente AR

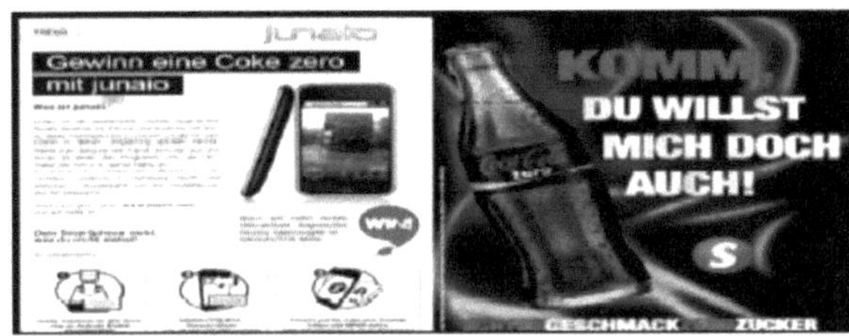

Impressão de anúncios utilizando AR

Segmento 2: Introdução à Realidade Virtual

Introdução

Um ano antes, o Facebook comprou a Oculus VR por 2,3 mil milhões de dólares, assinalando o impacto daquilo a que o fundador da Oculus, Palmer Luckey, se referiu como a "plataforma final", uma tecnologia imersiva que substituía a visão do utilizador por uma visão virtual aumentada por computador com o potencial de criar uma nova experiência social colaborativa. As plataformas concorrentes correram para levar os auscultadores de RV aos consumidores, à medida que as empresas e as marcas desenvolviam formas de utilizar a tecnologia de RV e de realidade aumentada (RA) para envolver os clientes. Um ano mais tarde, as projecções estimavam que o número de dispositivos de realidade aumentada e virtual vendidos aumentaria de 2,5 milhões em 2015 para 24 milhões em 2018, prevendo-se que, em 2018, haja 171 milhões de utilizadores activos de RV. É inegável que a quarta (depois do PC, da Web e do telemóvel) vaga de plataformas tecnológicas chegou rapidamente.

2016: o ponto de viragem

Em 2016, a Oculus VR lançou o Oculus Rift, a Microsoft lançou o HTC Vive e a Sony lançou os auscultadores PlayStation VR para os consumidores. No entanto, estes auscultadores de primeira geração, destinados principalmente aos jogadores, são caros, pesados e têm de ser ligados a um PC ou a uma consola de jogos. Em contrapartida, o Samsung Gear VR e o Google Cardboard permitem que os utilizadores transformem os seus smartphones em dispositivos de AR/VR e são frequentemente o primeiro contacto do público com a nova tecnologia interactiva em festivais, eventos desportivos viii e como forma de aumentar as notícias. Talvez nada tenha contribuído mais para trazer a tecnologia AR/VR para o zeitgeist do consumidor comum do que a aplicação de realidade aumentada Pokémon GO da Niantic Labs (sobre a qual se falará mais adiante). A aplicação gratuita tornou-se um fenómeno cultural quando foi lançada em 6 de julho de 2016. Uma semana após o seu lançamento, o jogo, no qual os utilizadores assumem o papel de treinadores e tentam encontrar e capturar Pokémon virtuais que aparecem nos seus smartphones no mundo real, foi o maior jogo móvel da história dos EUA, com cerca de 21 milhões de utilizadores activos diários, e estima-se que tenha sido instalado globalmente mais de 75 milhões de vezes nas suas primeiras 3 semanas. Embora os críticos tenham sido rápidos a apontar os gráficos rudimentares do Pokémon GO e a incapacidade da criatura virtual de interagir com o mundo real, o Pokémon GO demonstrou o potencial substancial da tecnologia AR/VR para envolver os utilizadores e atuar como um novo canal entre as marcas e os clientes. Embora o Pokémon GO tenha sido a primeira exposição de muitos consumidores ao conceito de AR/VR, as empresas e instituições têm vindo a desenvolver e a utilizar a tecnologia AR/VR há anos. Os hospitais utilizam a RV para formar os seus médicos em técnicas de cirurgia, as empresas aeroespaciais e de defesa estão a empregar a tecnologia de RV em simulações de combate e a RV está a ser utilizada em terapias para tratar perturbações de stress pós-traumático e na reabilitação motora precoce de doentes com AVC. Entretanto, a rápida expansão da AR/VR para eventos ao vivo proporcionará aos consumidores acesso a concertos ao vivo, eventos desportivos, teatro e convenções através de experiências imersivas na "primeira fila". medida que a tecnologia evolui e as plataformas se tornam mais acessíveis aos consumidores, as aplicações e a integração da tecnologia AR/VR continuarão a crescer. Atualmente, o número de empresas envolvidas no desenvolvimento de RA/RV está a aumentar exponencialmente (só o Facebook, a Microsoft e a HTC dedicaram equipas a estas tecnologias), impulsionado por pequenos programadores clássicos e por um afluxo de financiamento de risco. Desde 2010, os investidores de capital de risco injectaram cerca de 4,5 mil milhões de dólares neste espaço através de mais de 1100 negócios de risco em todo o mundo e mais de 700 empresas em fase de arranque.

Implicações jurídicas da tecnologia emergente de AR/VR

Tal como acontece com qualquer tecnologia disruptiva, a AR/VR tem o potencial de criar uma série de novas questões e desafios jurídicos. O enorme sucesso do Pokémon GO pôs em evidência uma série destas questões, desde a utilização de imagens e marcas registadas protegidas por direitos de autor em mundos virtuais e a recolha, utilização e partilha de informações pessoais dos utilizadores, até aos danos causados a pessoas e bens por utilizadores imersos na tecnologia. Os futuros litígios incluirão provavelmente argumentos sobre a titularidade dos direitos de RA/RV ao abrigo de contratos pré-existentes celebrados muito antes de a RA/RV se tornar uma plataforma realista que não aborda estes direitos dos "novos meios de comunicação" (semelhantes aos argumentos que têm permeado a indústria do entretenimento há pelo menos 100 anos, à medida que as novas tecnologias se desenvolveram - do cinema mudo aos talkies, dos filmes às cassetes e discos de vídeo, da televisão por radiodifusão ao cabo e satélite e a várias formas de vídeo a pedido). À medida que a tecnologia AR/VR se torna omnipresente na nossa vida quotidiana, haverá consequências jurídicas não intencionais e questões de responsabilidade que as empresas, as marcas e os criadores de conteúdos AR/VR devem ter em conta. Este livro branco - Realidade aumentada e virtual: implicações jurídicas emergentes da "plataforma final" - explora essas questões e riscos jurídicos da tecnologia AR/VR numa variedade de disciplinas, incluindo:

• Questões de direitos de autor, marcas registadas e direito de publicidade

• Patentes

• Publicidade

- Privacidade e segurança dos dados

- Responsabilidade pelo produto

- Licenciamento e distribuição

Reed Smith - uma longa história no mundo audiovisual

O envolvimento do nosso escritório nas indústrias audiovisuais remonta à fundação do que se tornou a Organização Rank nos anos 30, um nome famoso na produção e distribuição de filmes no século XX, além de ser proprietário do complexo de estúdios Pinewood e dos cinemas Odeon. A firma também representou (e continua a representar) os proprietários dos filmes mais conhecidos de Charlie Chaplin. Com o advento da televisão, a sociedade pôde utilizar a sua experiência em financiamento e produção para representar clientes neste novo meio, aconselhando a maioria dos nomes conhecidos da indústria nos EUA, na Europa e no resto do mundo ao longo dos anos. Os nossos advogados tiveram de acompanhar - e mesmo antecipar - os desafios jurídicos associados a todos os desenvolvimentos técnicos que as indústrias audiovisuais conheceram ao longo desse período de tempo, sejam eles a criação de sistemas de distribuição por cabo, satélite e Internet; cassetes de vídeo, DVDs e serviços on demand; a transição do analógico para o digital, incluindo o advento dos cinemas digitais; e a internacionalização de tantos aspectos do negócio, com as consequentes implicações regulamentares que isso acarretou. Esperamos que gostem da viagem pela realidade, aumentada e virtual. Definição de realidade aumentada e virtual À medida que a tecnologia evolui, é importante compreender o que constitui a realidade aumentada e virtual e como as suas caraterísticas únicas as distinguem de outras experiências imersivas. Utilizamos as seguintes definições: Realidade virtual: Na realidade virtual, os utilizadores entram e interagem com uma realidade digital totalmente imersiva. Este ambiente pode ser gerado por computador ou capturado por vídeo para substituir a realidade existente do utilizador por um ambiente digital, mas, de qualquer forma, a RV bloqueia o ambiente natural do utilizador. A RV distingue-se ainda de outros meios imersivos pelos auscultadores equipados com sensores que seguem os movimentos da cabeça e dos olhos do utilizador, permitindo-lhe interagir e navegar através destes diferentes ambientes. Realidade aumentada: Criada por Tom Caudell, um investigador da Boeing que, em 1990, criou uma visão do ambiente do mundo real em que os elementos são sobrepostos (ou aumentados) com imagens geradas por computador, a tecnologia AR refere-se a dispositivos ou ecrãs portáteis que sobrepõem texto, som, gráficos ou vídeo à nossa visão do mundo físico real que nos rodeia. Esta informação digital é adaptada ao contexto e ao espaço do ambiente real. É esta combinação do mundo real que nos rodeia com objectos gerados por computador que distingue a RA da RV. O sistema HoloLens da Microsoft é um exemplo de uma plataforma de RA, uma vez que os seus auscultadores incluem uma câmara que permite aos utilizadores ver o espaço à sua volta. Vídeos de 360 graus: Os vídeos de 360 graus, também conhecidos como vídeos imersivos ou vídeos esféricos, são gravações de vídeo ou imagens em que uma vista em todas as direcções é gravada ao mesmo tempo, filmada com uma câmara omnidirecional ou um conjunto de câmaras. Exemplos de vídeos de 360 graus incluem a aplicação New York Times VR visualizada no Google Cardboard ou os vídeos de surf do Flickr VR e da GoPro.

Segmento 3: Introdução à Realidade Aumentada

Introdução

A realidade aumentada (RA) é uma das tecnologias que está a ganhar cada vez mais interesse. Ao misturar o virtual com o mundo real em diferentes proporções, a realidade aumentada permite um nível de imersão que nenhum equipamento virtual pode proporcionar. Os sistemas de RA já foram utilizados em muitas aplicações como a cirurgia, a inspeção de ambientes perigosos e a engenharia. No entanto, a maioria desses sistemas só funciona em interiores e cobre áreas relativamente pequenas. Os avanços da tecnologia informática, da visão e da tecnologia sem fios tornam possível o desenvolvimento de sistemas sem fios exteriores para apoiar processos complexos de análise, tomada de decisões e governação. Os benefícios da utilização destes sistemas nestes processos são duplos: 1) fornecimento de dados "no local" (serviços baseados na localização) e 2) fornecimento de informações geográficas 2D e 3D.

Nos últimos anos, tanto o governo como o sector privado têm vindo a reconhecer o valor considerável da informação de localização como plataforma para melhorar os serviços e as aplicações comerciais. O planeamento urbano e paisagístico, a monitorização do tráfego e a navegação, a construção de estradas, caminhos-de-ferro e edifícios, as telecomunicações, a gestão de serviços públicos, o cadastro, o mercado imobiliário, as aplicações militares e o turismo são alguns dos exemplos mais comuns. Muitas vezes, num dia, as pessoas querem saber a localização de uma loja, de um escritório, de uma casa, de uma estação de serviço ou de um hospital, o caminho mais rápido para casa ou para outra cidade ou rua, as possibilidades de viajar sem esperar em engarrafamentos, etc. O progresso tecnológico parece ter atingido um nível em que é feita uma utilização mais alargada dos "contentores" existentes (SIG, CAD, base de dados) de dados geográficos e das informações de atributos com eles relacionados (por exemplo, dados pessoais, dados da empresa).

No entanto, o desenvolvimento de um sistema robusto de RA sem fios para exteriores é um processo complexo que envolve um grande número de tecnologias e dispositivos diferentes para montar e afinar. O objetivo do presente relatório é investigar o estado atual dos sistemas sem fios exteriores, a fim de estimar o nível operacional e identificar tópicos urgentes para investigação. Centra-se em abordagens, tecnologias, dispositivos e sistemas que podem ser utilizados para fornecer aos utilizadores móveis informações avançadas (sob a forma de texto, vídeo, som e gráficos).

O relatório está organizado em sete capítulos. O primeiro capítulo apresenta definições e classificações dos sistemas de RA e discute as semelhanças e diferenças entre os sistemas de RA, Realidade Virtual (RV) e Virtualidade Aumentada (AV), bem como a ligação com os serviços baseados na localização (LBS). O segundo capítulo concentra-se nos princípios e componentes fundamentais para a realização de um sistema de RA, ao mesmo tempo que são discutidas abordagens mais "tradicionais" para interiores. O terceiro capítulo destaca as novas questões dos sistemas de RA no que respeita às aplicações sem fios no exterior. São analisadas as principais redes sem fios (globais e locais). O quarto capítulo discute a disponibilidade e a funcionalidade actuais do equipamento comercial (hardware e software). É dada especial atenção aos ecrãs atualmente disponíveis e às possibilidades de seguir o utilizador em qualquer lugar, no interior e no exterior. É analisada a precisão dos sistemas GPS, dos sistemas de telecomunicações e dos sistemas híbridos. O quinto capítulo concentra-se na atual funcionalidade dos SGBD para suportar aplicações sem fios e em tempo real. O sexto capítulo analisa alguns projectos de investigação destinados à AR exterior ou a aplicações semelhantes. O último capítulo resume algumas visões relacionadas com os futuros desenvolvimentos da tecnologia sem fios.

O que é a Realidade Aumentada?

Este capítulo está organizado em quatro secções. O capítulo apresenta uma definição geral dos sistemas de RA, discute os problemas da RA em relação a técnicas semelhantes de representação, interação com mundos 3D (RV e AV) e comunicação com utilizadores móveis (LBS) e apresenta classificações dos sistemas de RA.

É bastante difícil classificar e nomear as aplicações e os sistemas que fornecem essa funcionalidade. Algumas delas estão relacionadas com o mundo físico real, outras estão mais próximas de mundos abstractos, virtuais e imaginários em que a gravidade, o tempo e o espaço obedecem a leis diferentes. Muitas vezes, a RA é definida como um tipo de "realidade virtual em que o ecrã montado na cabeça (HMD) é transparente". O objetivo dos sistemas de realidade aumentada é combinar o mundo real interativo com um mundo interativo gerado por computador, de modo a que pareçam um único ambiente. À medida que o utilizador se desloca em torno do objeto real, o objeto virtual (ou seja, gerado por computador) reage, uma vez que está completamente integrado no mundo real. Além disso, o objeto virtual pode mover-se, mas os movimentos são registados em relação ao mundo real. A Figura 1-1 mostra três exemplos de vistas de RA: uma vista estática de um cérebro, um carro virtual que se move à volta de um monumento e um Packman virtual que "salta" num escritório.

Exemplos de vistas de RA: cérebro numa cabeça humana real, um carro virtual numa praça real (LORIA), Packman no escritório (UbiCom)

Os sistemas de RA sem fios enfrentam três problemas fundamentais. O primeiro é a forma de misturar ambientes reais e gerados por computador (ou seja, o alinhamento de objectos virtuais e reais). Um sistema de RA deve proporcionar ao utilizador a perceção de um ambiente de trabalho integrado (Figura 1-2). Dependendo da abordagem utilizada, os sistemas de RA podem ter várias formas e podem ser classificados em diferentes grupos. Outra questão crítica nos sistemas de RA é a localização (determinação da posição, direção e velocidade de movimento) do utilizador móvel. O terceiro problema está relacionado com a comunicação sem fios entre os utilizadores e os computadores de base. Embora o alinhamento de objectos virtuais e reais seja uma questão específica da RA, a localização de um utilizador móvel e as comunicações sem fios são questões bem conhecidas nos sistemas de RV e LBS. Por conseguinte, a análise dos sistemas de RA sem fios não pode ser concluída sem referir alguns tópicos mais familiares aos sistemas de RV e aos SBL.

Ecrã com cabeça montada (HDM), dispositivo de entrada de luvas e CAVE

A RA como um ambiente misto

Esta secção discute o lugar da RA em relação à RV (que é totalmente gerada por computador) e ao mundo real. Em primeiro lugar, é utilizada uma visão da Realidade Mista (continuum realidade-virtualidade) para clarificar a ligação entre a RA, a RV e o mundo real. Em segundo lugar, a compreensão da RV é comentada para fornecer um pano de fundo para a discussão sobre as semelhanças e diferenças com a RA. Para completar todas as "misturas" possíveis entre objectos (imagens) gerados por computador e reais, é apresentada no final uma breve panorâmica de alguns sistemas AV.

Continuidade realidade-virtualidade

Milgram et al 1994, introduzem o continuum realidade-virtualidade que define o termo realidade mista e retrata a "ligação" entre o mundo real e o virtual (Figura 1-3). Se o mundo real estiver num dos extremos do continuum e a RV (ou seja, o mundo artificial gerado por computador) estiver no outro extremo, então a RA ocupa o espaço mais próximo do mundo real. Quanto mais próximo um sistema estiver do extremo da RV, mais os elementos reais se reduzem. Por exemplo, os sistemas de RA que utilizam ecrãs ópticos transparentes são colocados mais perto do mundo real do que os sistemas de RA com mistura de vídeo (Figura 1-3). Se o mundo real pode ser aumentado com objectos virtuais, é lógico esperar que o mundo virtual possa ser aumentado com cenas reais (vistas, objectos). Este ambiente é designado por virtualidade aumentada. No continuum realidade-virtualidade, a AV ocupa o espaço mais próximo dos ambientes de RV.

Uma vez que este diagrama oferece uma óptima visão geral de todos os sistemas que misturam mundos reais e virtuais, tornou-se um ponto de partida para discussões, classificações e comparações entre diferentes técnicas. No texto que se segue, discutiremos brevemente as diferentes técnicas no que respeita à ligação com a RA.

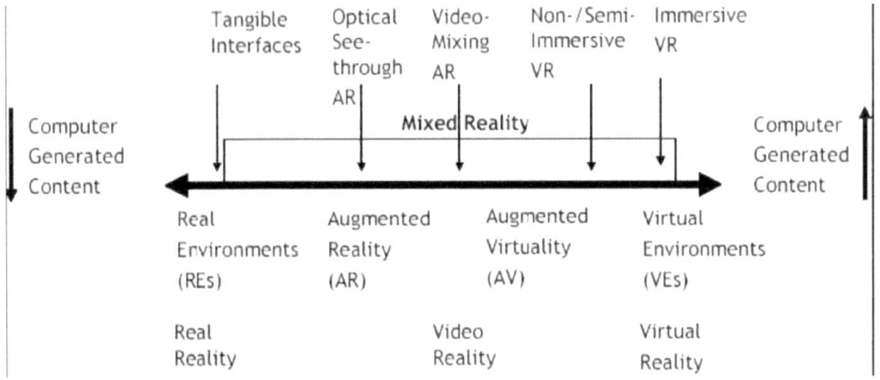

Continuum realidade-virtualidade (Milgram e Kishino 1994)

Realidade virtual

O termo realidade virtual tem um significado diferente para pessoas diferentes. Há pessoas para quem a RV é um conjunto específico de tecnologias, como o Head Mounted Display (HMD), o Glove Input Device e a Cave (Figura 1-2, ver também Capítulo 2). Outras pessoas alargam o termo de modo a incluir livros convencionais, filmes ou pura fantasia e imaginação. O sítio Web http://whatis.techtarget.com , (que contém mais de 10 000 termos informáticos) descreve a RV como

"... simulação de um ambiente real ou imaginado que pode ser experimentado visualmente nas três dimensões de largura, altura e profundidade e que pode, além disso, proporcionar uma experiência interactiva visualmente em movimento em tempo real, com som e possivelmente com feedback tátil e outras formas de feedback. A forma mais simples de realidade virtual é uma imagem tridimensional que pode ser explorada interactivamente num computador pessoal, normalmente através da manipulação de teclas ou do rato, de modo a que o conteúdo da imagem se mova numa determinada direção ou aumente ou diminua o zoom."

Talvez a melhor (e mais curta) descrição da realidade virtual seja uma "...forma de os humanos visualizarem, manipularem e interagirem com computadores e dados extremamente complexos" (Isdale, 2002). A visualização é entendida, em sentido lato, como uma espécie de resultado sensorial. A manipulação e a interação compreendem todas as facilidades que fornecem aos utilizadores ferramentas para contactar os objectos do modelo e manipulá-los e alterá-los diretamente. Há duas questões importantes a ter em conta nesta definição:

o mundo (geralmente 3D) é uma espécie de modelo, e

é necessário um nível adequado de interação e realismo.

Note-se que o modelo pode ser uma abstração do mundo físico real (modelo 3D de uma cidade, Figura 1-5), ou um objeto imaginário completamente virtual (um novo modelo de carro, um objeto de fantasia, etc.). Quando se consideram os modelos do mundo real, os requisitos mínimos para um elevado nível de realismo visual são bons modelos de iluminação e sombreamento e/ou mapeamento de texturas. A interação mínima é normalmente a navegação em tempo real (ou seja, uma reação rápida às acções e movimentos humanos no interior do modelo).

São feitas muitas tentativas para sistematizar e classificar os sistemas de RV, ou seja, com base no hardware utilizado (desde equipamento de secretária até sistemas espacialmente imersivos, por exemplo CAVE), no sistema de visualização (desde a observação do ecrã até à presença no ambiente de RV) ou em ambos. Outra classificação interessante é o gráfico Simulação-Apresentação-Interação (S-P-I) (Figura 1-4). Trata-se de uma tentativa de formular a complexa inter-relação entre os dados, a sua apresentação e a interação com eles. A simulação caracteriza a complexidade dos dados. Existem três níveis de simulações: geometria pura (linhas, pontos, formas geométricas), semântica estática (objectos estáticos complexos realistas) e semântica dinâmica (objectos dinâmicos). A apresentação classifica a forma como os dados são apresentados: fotogramas simples, sequência de fotogramas (animação) ou trabalho em tempo real. A interação, que varia de nenhuma a imersão total, indica o equipamento especial de hardware de alto nível utilizado. Por exemplo, os sistemas CAD e GIS inserem-se na caixa da Figura 1-4, à esquerda, enquanto o software de realidade virtual se insere no espaço entre as duas caixas da Figura

O modelo I-S-P

Claramente, a RV abrange um vasto espetro de ideias e muitas das tecnologias parecem ser semelhantes para os sistemas de RA e RV. Por exemplo, os HMD podem ser utilizados em ambos os sistemas; são necessários processos rápidos de renderização em tempo real para obter um desempenho suficiente; é necessário seguir o utilizador em ambos os ambientes; ambos os sistemas necessitam de ambientes imersivos. No entanto, as diferenças são bastante significativas:

__A diferença muito visível entre os dois sistemas é o tipo de imersão. Os sistemas de RV de alto nível requerem um ambiente totalmente imersivo. Os sentidos visuais e, em alguns sistemas, os sentidos tácteis, estão sob o controlo do computador. Isto significa que o sistema de RV modela completamente o mundo artificial e proporciona efetivamente imersão no mundo virtual. Em contrapartida, um sistema de RA aumenta a cena do mundo real e tenta manter a sensação do utilizador de estar no mundo real. A lógica subjacente a este facto tem duas vertentes. Em primeiro lugar, os ambientes reais contêm muito mais informações do que é possível modelar e simular por computador. Em segundo lugar, sabendo que o objetivo final é melhorar a tarefa no mundo real, seria melhor manter, tanto quanto possível, a sensação do utilizador de estar no mundo real.

Outra diferença é que um sistema de RA funde as imagens virtuais com uma vista da cena real para criar o ecrã aumentado. Esta fusão requer um mecanismo para combinar o real e o virtual que não está presente no trabalho de realidade virtual.

A natureza da interface visual entre o computador e o utilizador é diferente. Tanto os sistemas de RV como os de RA dão ao utilizador uma sensação de imersão, assegurando que o utilizador recebe um conjunto consistente de informações sensoriais. No entanto, como o utilizador olha para o mundo virtual, não existe uma ligação natural entre o sistema de coordenadas interno do utilizador e o sistema de coordenadas do mundo virtual. Esta ligação tem de ser criada. Assim, qualquer incoerência que o utilizador perceba é menos visível e o utilizador adapta-se a ela. Em contrapartida, nos sistemas de RA, o registo incorreto resulta numa incoerência entre o sistema de coordenadas do mundo real e o sistema informático. Os requisitos de registo nos sistemas de RA são muito mais elevados. Na prática, o registo exige a resolução de dois problemas. Em primeiro lugar, a posição e a orientação do utilizador no mundo real têm de ser determinadas com muita precisão. Em segundo lugar, o atraso no sistema de RA (ou seja, o desfasamento) tem de ser eliminado ou reduzido para valores toleráveis. Se o atraso for grande, a ligação entre dois sistemas de coordenadas será feita praticamente para uma posição antiga do utilizador e, por conseguinte, não corresponderá à vista atual. O resultado será um deslocamento da posição do objeto virtual.

Os sistemas de RV funcionam com grandes conjuntos de dados (especialmente quando o mundo real é focado) e requerem frequentemente um elevado realismo, necessitando de texturas, fotografias reais ou abordagens especiais de iluminação para atingir o nível de realismo necessário. Em contrapartida, o número de objectos a renderizar nos sistemas de RA é relativamente reduzido (um carro, um edifício, etc.). Além disso, os requisitos de realismo (texturas, cores, modelos de iluminação e sombreamento) são significativamente baixos em comparação com os modelos de RV. Muitos objectos, como árvores, semáforos e placas de orientação, que têm de ser introduzidos nos modelos de RV, não têm interesse para os sistemas de RA.

Virtualidade aumentada

Esta técnica permite a um utilizador explorar interactivamente uma representação virtual de um vídeo obtido a partir de um espaço real. O vídeo é observado em tempo real (projetado num objeto virtual) ou são colocadas texturas selecionadas nos objectos virtuais que correspondem aos objectos reais. Isto tem o efeito de fazer com que um mundo virtual se pareça, até certo ponto, com o mundo real, mantendo a flexibilidade do mundo virtual. A este respeito, o mundo AV pode ser visto como uma instanciação de fotografias de vídeo 3D imersivas. Os objectos têm uma aparência semelhante à dos seus homólogos reais, mas podem ser manipulados num ambiente virtual (Simasarian et al 1994).

Um exemplo de aplicação AV é um vídeo real (tirado de uma câmara localizada num robô em movimento) projetado num monitor virtual no topo de um robô virtual que se move num ambiente virtual (Figura 1-6, esquerda, meio). O ambiente remoto é modelado de forma aproximada e o operador ainda pode ter uma ideia do mundo real. Para obter uma imagem visual exacta do local de trabalho remoto, o operador precisa de comandar o robô para se deslocar pela sala. A metáfora do monitor também limita o utilizador a estar situado perto do robô se não quiser perder a ligação ao mundo real. Na prática, o operador tem de deslocar o robô para poder ver o vídeo da cena real.

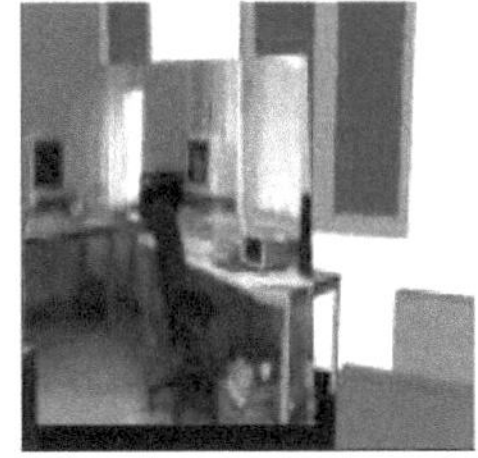

Metáfora do monitor: ambiente virtual com robô, monitor (à esquerda) e o ponto de vista do operador quando "preso" ao robô (meio) e ao ecrã de projeção (à direita). (Simsarian et al 1994)

Outro exemplo é um ecrã de projeção, colocado no ambiente virtual. Pode ser atualizado com vídeo em direto à medida que o robô se move no ambiente, mas não se move com o movimento do robô. A principal desvantagem é que as imagens são projectadas num ecrã de projeção plano e fixo (Figura 1-6, à direita). Assim, a imagem só é percetivelmente correta a partir de uma posição (o ponto onde a imagem foi tirada). Noutras posições, a ilusão de tridimensionalidade é quebrada e a ligação entre o modelo 3D e a imagem não é evidente. Além disso, é difícil explicitar as associações entre os objetos no ecrã e os objectos no ambiente virtual.

Os portais de realidade são mais uma possibilidade de alargar o mundo virtual com imagens reais. Em vez de utilizar apenas um local para visualizar o mundo real, podem ser apresentados segmentos do mundo real na posição atual do mundo virtual (Figura 1-7). Através deste processo, as texturas são aplicadas automaticamente, quase em tempo real (1-3 fotogramas por segundo), no mundo virtual. À medida que o robô explora o mundo, estas texturas são automaticamente adicionadas aos objectos virtuais e armazenadas na base de dados do mundo virtual. O modelo do mundo virtual oferece uma noção espacial intuitiva de como visualizar estas imagens de vídeo e a sua fonte. É muito semelhante a ter um vídeo 3D para navegar. Algumas limitações de espaço também são resolvidas porque o operador pode navegar através do mundo virtual e ver o vídeo apresentado espacialmente.

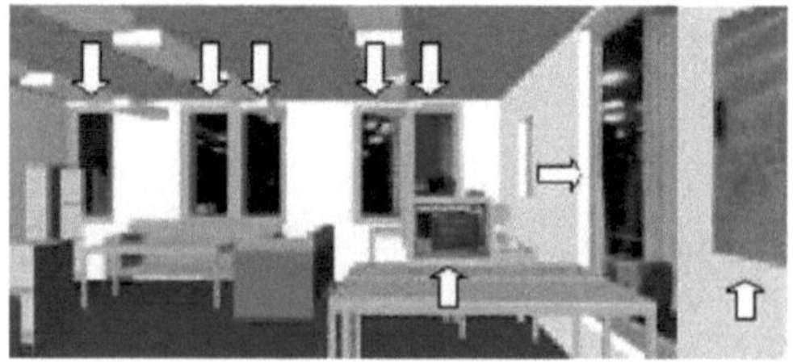

Portais da realidade: imagens reais projectadas em locais reais (Akesson e Simsarian 1999)

Para além da utilização desta abordagem para o controlo remoto de robôs, alguns outros exemplos desta abordagem podem ser Monitorização de segurança. A prática comum dos profissionais de segurança é observar um conjunto de monitores e estar atento a anomalias e situações de segurança. As câmaras situadas à volta do espaço podem monitorizar o espaço de segurança e ser visualizadas como texturas para o modelo virtual da área de vigilância.

AR como serviços baseados na localização

As LBS foram desenvolvidas como um fluxo independente, mas o seu objetivo é semelhante ao das aplicações de RA sem fios para o exterior. A informação solicitada pelo utilizador tem de ser fornecida à localização do utilizador. A diferença entre as duas tecnologias é evidente, ou seja, as LBS não requerem a mistura de cenas reais e virtuais. A informação fornecida (do mundo real ou gerada por computador) é visualizada como texto, imagem ou gráfico num dispositivo portátil (telemóvel, pocketPC, computador portátil, etc.), ou seja, a imersão não é necessária e, portanto, não é realizada. Uma vez que o sistema de coordenadas do utilizador não é comparado com o sistema de coordenadas do objeto virtual, a localização é bastante aproximada (alguns metros). No entanto, o atual Sistema Global de Comunicações Móveis (GSM) pode localizar um utilizador móvel com uma precisão de 100 m, o que aparentemente não é suficiente para muitas aplicações (por exemplo, "seguir o caminho mais curto", "encontrar os restaurantes mais próximos"). A este respeito, as LBS têm um problema semelhante ao das aplicações de RA, ou seja, como localizar a posição do utilizador. O Capítulo 2 discute em pormenor algumas abordagens para aumentar a precisão das redes de telecomunicações e dos sistemas GPS, de modo a obter a precisão necessária. Apresenta-se aqui um exemplo. A empresa italiana Mobile Telecommunication (TIM) fornece serviços de dados sem fios (desde o final de 2001), tais como navegação, informações de trânsito em tempo real, informações sobre pontos de interesse, como museus e restaurantes próximos, e serviços de concierge, como reservas de companhias aéreas, hotéis e restaurantes. O Connect TIM é o software que utiliza o Autodesk MobileConnect (uma extensão do Connect Telematics, desenvolvido em conjunto com a TargaSys, (divisão da Fiat Auto). Usando um dispositivo móvel habilitado para GSM ou GPRS, o Connect TIM é ativado por uma mensagem SMS gerada por um aplicativo personalizado SIM

ToolKit desenvolvido pela TIM. O SMS, que contém os detalhes da localização do assinante com base na tecnologia de localização da TIM Cell, é enviado para o centro de contacto da TargaSys. O SMS aciona um banco de dados personalizado que ajuda a operadora a responder às necessidades do indivíduo. O centro de contacto TargaSys é composto por 800 operadores, suporta 14 línguas e é especializado nestes serviços. Os serviços são completados mediante pedido por voz.

Classificação dos sistemas de RA

Tal como acontece com os sistemas de RV, podem ser efectuadas diferentes classificações dos sistemas de RA, centradas no hardware do sistema de RA (por exemplo, o tipo de sistema de rastreio), nas abordagens de visualização (ver através, mistura de vídeo), na distância de trabalho (interior, exterior) ou na comunicação (sem fios, com fios). A classificação mais conhecida está relacionada com a abordagem de visualização, ou seja, a forma como a mistura é fornecida ao utilizador. O diagrama contínuo realidade-virtualidade mostra estas duas classes muito gerais de sistemas de RA, ou seja, a visualização ótica e a mistura de vídeo. Estes sistemas podem ter diversas variações no que diz respeito ao local onde as imagens (objectos) são visualizadas, ou seja, num ecrã de secretária ou num HMD. As duas secções seguintes desenvolvem as classificações com base no tipo de ecrã e na gama dos sistemas de RA.

Apresenta

Para poder aumentar os mundos reais ou virtuais, são aparentemente necessários alguns tipos de ecrãs (o termo é utilizado em sentido lato). Milgram et al, 1994, distinguem várias classes de ambientes de ecrã híbridos existentes, com base nos quais se pode fazer uma clarificação razoável dos sistemas de RA:

1. Ecrãs de vídeo (não imersivos) baseados em monitores - ou seja, ecrãs "janela para o mundo" (WoW) - sobre os quais se sobrepõem, eletrónica ou digitalmente, imagens geradas por computador. Considerações práticas chamam frequentemente a atenção para sistemas em que isto é feito estereoscopicamente.

2. Ecrãs de vídeo como na Classe 1, mas utilizando HMD imersivos, em vez de monitores WoW.

3. Os HMD estão equipados com uma capacidade de transparência, com a qual os gráficos gerados por computador podem ser sobrepostos opticamente, utilizando espelhos semi-silenciosos, a cenas do mundo real visualizadas diretamente.

4. Idêntico ao 3, mas utilizando a visualização vídeo (em vez de ótica) do mundo real. A diferença entre as classes 2 e 4 é que, na classe 4, o mundo visualizado deve corresponder ortoposcopicamente ao mundo real exterior imediato, criando assim um sistema de "visualização vídeo".

5. Ambientes de visualização totalmente gráficos, total ou parcialmente imersivos, aos quais é acrescentada a "realidade" vídeo.

6. Ambientes completamente gráficos mas parcialmente imersivos (por exemplo, ecrãs de grandes dimensões) em que os objectos físicos reais no ambiente do utilizador desempenham um papel (ou interferem) na cena gerada por computador, como, por exemplo, ao estender a mão e "agarrar" algo com a própria mão.

Podemos combinar as classes de 1 a 4 em duas classes mais simples de sistemas de RA, ou seja

Sistemas de RA baseados em monitores (MB_AR) (classe 1)

Sistemas de RA de ver através de (ST_AR), ou seja, vídeo ou realidade (classes 2,3,4).

Em termos estritos, os sistemas de RA devem ser referidos apenas como ecrãs transparentes (ou seja, deve ser possível observar o mundo real). No entanto, em muitos laboratórios, é utilizada uma mistura entre imagens de vídeo reais e quadros virtuais. Nestes casos, o termo realidade aumentada é também utilizado porque o mundo real é aumentado com informação virtual.

Os ecrãs das duas últimas classes têm um significado mais lato. Os ecrãs da classe 5 referem-se a uma técnica em que o que está a ser aumentado não é uma representação direta de uma cena real, mas sim um mundo virtual (ou seja, gerado por computador), referindo-se a AV, como ilustrado na Figura 1-3. Com a evolução tecnológica, poderá eventualmente tornar-se menos distinto se o mundo primário que está a ser experimentado é predominantemente real ou predominantemente virtual, o que poderá eventualmente enfraquecer a diferenciação entre os termos RA e AV. Os ecrãs da classe 6 ultrapassam todas as outras classes ao incluírem objectos do mundo real visualizados diretamente. Por exemplo, o espetador pode observar a sua própria mão real diretamente à sua frente. Isto é muito diferente de ver uma imagem da mesma mão real num monitor. Uma solução alternativa interessante para o problema de terminologia colocado pelos ecrãs de classe 6 e pelos ecrãs AR/AV compostos de classe 5 poderá ser o termo Realidade Híbrida (RH), como forma de englobar o conceito de mistura de muitos tipos de meios de visualização distintos.

Recentemente, uma nova classe de sistemas de RA, ou seja, os sistemas de Realidade Aumentada Espacialmente (SAR), está também a ganhar popularidade. Nos sistemas ST_AR, o utilizador tem de usar uma espécie de HMD para poder observar os objectos virtuais ou a mistura entre o objeto virtual e as imagens de vídeo reais. Em muitos casos, estes podem causar desconforto (peso, contraste das imagens, etc.) e perturbar as actividades em curso. Por conseguinte, algumas investigações recentes apontam para a projeção da vista no mundo real, evitando assim a utilização de HMD. Embora não se aplique a algumas aplicações, outras podem beneficiar largamente com ela. Por exemplo, os arquitectos podem tirar partido da capacidade de modificar visualmente parte do ambiente físico real dos modelos arquitectónicos de mesa.

Alcance/distância

Há que fazer uma distinção muito importante entre os diferentes sistemas no que respeita à área em que podem funcionar. Os primeiros sistemas de RA foram desenvolvidos como sistemas de interior que funcionam em áreas restritas. Muitas aplicações já utilizam sistemas de RA interiores (laboratórios, cirurgia, entretenimento, etc.). Com os avanços da tecnologia, os sistemas de RA tentam ultrapassar as paredes dos ambientes fechados. A ideia das aplicações de RA exteriores é aumentar o mundo real fora do laboratório. Por exemplo, mostrar ao utilizador um modelo 3D de um edifício antigo, ou de uma ponte recentemente construída, ou de condutas subterrâneas, limites cadastrais, etc. (Figura 18). O utilizador está fora do seu escritório, não tem um fornecedor de energia constante, não quer transportar equipamento pesado, não quer esperar muito tempo pela informação. O objetivo dos sistemas de RA é o mesmo, mas os problemas aumentam tremendamente em comparação com os sistemas de RA para interiores.

Sistema de AR exterior (UbiCom)

O registo dos mundos real e virtual em sistemas de RA para interiores pode ser efectuado de uma forma relativamente simples. É possível utilizar marcadores estáticos (fixados em partes bem visíveis), modelos 3D relativamente pequenos, um número limitado de imagens ou prever o percurso do utilizador. Os sistemas de RA para exteriores têm de se basear em marcadores existentes no mundo real (muitas vezes com baixo contraste), uma vez que os modelos 3D necessários são normalmente muito maiores. Um dos maiores problemas nas aplicações exteriores são as alterações climáticas, a luz do sol, as sombras, etc., que não existem em ambientes interiores

A posição exacta do utilizador pode ser determinada na AR interior por uma variedade de dispositivos de localização com uma precisão de alguns centímetros. A RA exterior tem de utilizar sistemas de posicionamento absoluto ou relativo, em combinação com sistemas de visão, quando a precisão não é suficiente.

Os requisitos de baixo consumo de energia não são um problema nos sistemas de RA para interiores Uma vez que a transmissão de dados é feita pelo utilizador, a latência pode sempre ser compensada.

As aplicações no exterior necessitam normalmente de um canal de transmissão especial, que tem de ser desenvolvido ou que os serviços de comunicação existentes têm de ser utilizados.

Segmento 4: Domínios de aplicação da Realidade Virtual e Aumentada

UMA EXPERIÊNCIA DE RESERVA MELHORADA

Após anos de incubação, a RA já está a revolucionar a indústria editorial. Os leitores da revista Enquire, da Popular Science ou da Time podem ver conteúdos multimédia adicionais apontando o seu smartphone para páginas específicas.

Esta nova geração de publicidade da próxima geração também pode ser aplicada a catálogos turísticos, brochuras, panfletos, folhetos e qualquer outro tipo de material promocional em papel. Hotéis, casinos, parques temáticos, mas também eventos especiais ou viagens virtuais em montanhas-russas podem ganhar vida para dar uma melhor noção e impressão do que o cliente está a comprar. De facto, os sistemas de RA podem exercer um enorme poder de persuasão e proporcionar uma oportunidade lucrativa para comercializar serviços com êxito - uma caraterística que ainda está subutilizada no sector do turismo e da hotelaria. Os exemplos mais bem sucedidos foram desenvolvidos pelo Saint Petersburg Clearwater Bureau, que utilizou a RA para oferecer uma experiência 3D de vanguarda a potenciais turistas. Denominada "Two Treasures 3D Tour" (acima), a experiência inclui um guia turístico virtual que pode ser visualizado numa câmara de vídeo de secretária em casa. A experiência inclui um guia turístico virtual e proporciona uma antevisão persuasiva e interactiva das praias e museus mundialmente famosos.

INTERACTIVIDADE DO MUSEU

A RA proporciona um ambiente educativo atrativo. De facto, a educação é uma das áreas que mais tem beneficiado com a RA, uma vez que a tecnologia proporciona uma interface tangível que estimula as actividades mentais e motoras através de uma interação intuitiva com conteúdos desconhecidos. As visitas educativas e o envolvimento dos visitantes são também um dos factores mais importantes na indústria do turismo e a RA tem um enorme potencial para envolver ativamente os turistas na aprendizagem e na experiência de vários museus e artefactos como nunca antes. Mais recentemente, foram aplicadas técnicas interactivas de narração de histórias digitais aos ambientes dos museus para aumentar o seu potencial educativo. Por exemplo, a Digital Binocular Station (DBS) faz com que os conteúdos estáticos de um museu ganhem vida, conduzindo a uma aventura interactiva, dinâmica e interessante que aumenta o tempo de retenção dos visitantes e as visitas de regresso (ver abaixo). As instalações de RA em museus podem também simular experiências impossíveis de realizar, uma vez que são capazes de reviver espécies animais extintas, frescos desgastados ou artefactos culturais fragmentados.

Em cima: Vista da Estação Binocular Digital no Museu de Canterbury (NZ). O homem mostrado na imagem é um ser humano virtual que se move e interage com o visitante, acompanhado por uma voz narradora e música.

AR BROWSERS NO DESTINO

Entre as muitas aplicações de RA para telemóveis inteligentes, os navegadores de RA são os que gozam de maior popularidade. Muitos deles afirmam ter funcionalidades relacionadas com o turismo.

Um navegador de RA adaptado às necessidades do turismo enriquece o mundo real com informações virtuais interactivas que permitem aos visitantes de locais desconhecidos identificar os pontos de interesse mais importantes e interessantes e aprender mais sobre o que os rodeia. Provavelmente, o exemplo mais bem sucedido e interessante é a aplicação autónoma para smartphones Yelp (mostrada abaixo), que adicionou a vista de RA para proporcionar uma vista aumentada aos seus utilizadores.

Em cima: A vista aumentada proporcionada pela aplicação para smartphone Yelp.

EXPERIÊNCIA REACTIVA ATRAVÉS DE JOGOS

Os jogos de RA têm sido fundamentais para promover a atividade física, tirando partido de locais e objectos do mundo real como parte de um jogo mais envolvente. Tendo em conta a flexibilidade e a elevada personalização da informação virtual, podem também ser aplicados diferentes cenários ao domínio do turismo. De facto, os jogos de RA baseados na localização já provaram ser motivadores e cativantes para os turistas. Um exemplo interessante é o TimeWarp. Este jogo de RA ao ar livre, desenvolvido por investigadores do Instituto de Tecnologia da Informação Aplicada (Sankt Augustine, Alemanha), permite aos turistas passear pela cidade de Colónia, na Alemanha, "saltando" através de portais temporais e experienciando diferentes eventos históricos e futuros. Ao contrário da jogabilidade fictícia oferecida pelo ARQuake e seus sucessores, o principal objetivo do TimeWarp era incentivar os jogadores a "interagir com a cidade e a experimentar as suas mudanças temporais" (abaixo). As avaliações mostraram que os turistas descrevem a experiência como divertida, nova e realista.

Em cima: Uma captura de ecrã do jogo interativo de realidade aumentada TimeWarp

SERVIÇOS AUMENTADOS NO RESTAURANTE

Um exemplo igualmente impressionante é a experiência de AR colaborativa oferecida no restaurante Inamo em Londres (Reino Unido) (em baixo). A experiência de AR é baseada na tecnologia de AR projectiva. Os clientes podem interagir com o tampo da mesa e selecionar o tema da sua própria mesa, encomendar itens de um menu rico em multimédia ou ver um vídeo em direto da cozinha. Estas superfícies aumentadas tiram partido da abundância de mesas e paredes, vistas como telas, para proporcionar um espaço físico de colaboração e um ecrã informático interativo de informação virtual.

Em cima: A experiência interactiva de RA no restaurante Inamo, em Londres

REVIVER A VIDA E OS ACONTECIMENTOS HISTÓRICOS

A recriação de templos antigos e edifícios históricos é um tópico que se presta naturalmente à RA, com uma série de sistemas prototípicos e comerciais desenvolvidos. O primeiro local do património cultural que beneficiou de uma reconstrução virtual aumentada de um templo antigo foi Olímpia, na Grécia, onde os investigadores desenvolveram o sistema ArcheoGuide AR. Utilizando o Layar, praticamente qualquer turista pode apontar o seu telemóvel para a localização original do Muro de Berlim (Figura 6) e ver a sua representação virtual como um modelo 3D realista.

TE *Acima: Utilizando a aplicação Layar para smartphone, qualquer turista pode ver um modelo virtual 3D do Muro de Berlim na sua localização original em Berlim.*

A EXPERIÊNCIA HOTELEIRA DE REALIDADE AUMENTADA

As experiências pessoais aumentadas podem expandir toda a visita a um novo destino. Embora seja um cenário particularmente adequado para experiências de RA melhoradas, os hotéis têm ficado para trás no aproveitamento do verdadeiro potencial da tecnologia. O exemplo de melhores práticas foi desenvolvido pelo Holiday Inn, anunciado como o primeiro hotel de realidade aumentada. Os hóspedes podem utilizar os seus smartphones para ver os atletas olímpicos e paraolímpicos virtuais na receção, no átrio ou no seu próprio quarto de hotel, como se estivessem ali mesmo (em baixo).

Em cima: A experiência Holiday Inn AR

TRANSPORTE AUMENTADO

Os sistemas de RA são ferramentas ideais para guiar os turistas em ambientes desconhecidos. A navegação e a localização de caminhos foi um dos primeiros domínios de aplicação da RA. Os ecrãs aumentados têm o potencial de reduzir o esforço mental necessário para a navegação pedestre e automóvel. A RA pode mostrar caminhos virtuais e setas direcionais para facilitar a navegação pedestre e automóvel, tanto no interior como no exterior. Um excelente exemplo é a aplicação para smartphone "The Nearest Tube" (abaixo), que mostra o percurso para as estações de metro a partir da localização atual do utilizador em Londres.

Em cima: A aplicação de realidade aumentada The Nearest Tube permite aos visitantes encontrar facilmente a estação de metro mais próxima em Londres.

TRADUÇÃO DE REALIDADE AUMENTADA

A navegação e a exploração de ambientes desconhecidos podem ser significativamente influenciadas pela falta de tradução clara de sinais e instruções em línguas estrangeiras. Para além dos sinais de trânsito, as aplicações de RA poderiam fornecer uma tradução imediata e em tempo real do texto escrito em menus de jantar, horários de comboios e títulos de jornais de uma língua estrangeira para a língua materna do utilizador. A Word Lens (em baixo) e a Intelligent Eye são duas aplicações comerciais para smartphones que demonstram este potencial. Ambas sobrepõem o texto traduzido ao texto original para o qual o dispositivo está a apontar.

Em cima: A aplicação Word Lens sobrepõe frases traduzidas à sua contraparte do mundo real.

GESTÃO PARTICIPATIVA DOS DESTINOS

Durante séculos, os planeadores e gestores tiveram de trabalhar com planos abstractos e generalizados para selecionar uma mistura equilibrada de estruturas, edifícios e materiais. A cor, as texturas e as formas desempenham um papel fundamental na determinação do aspeto estético das estruturas físicas e a RA pode ajudar os gestores e planeadores a tomar as melhores decisões através de comparações no local de cenários alternativos. A utilização da RA para sobrepor modelos virtuais 3D de inovações planeadas ao ambiente real onde serão introduzidas pode apoiar eficazmente os processos de tomada de decisão individuais e colectivos, bem como privados e participativos. Recentemente, o Instituto de Arquitetura dos Países Baixos anunciou o lançamento da aplicação gratuita de Realidade Aumentada Urbana (RAU), disponível em 8 cidades dos Países Baixos, que permite aos residentes e turistas experimentar o ambiente urbano tal como "já foi", "poderia ter sido" e como seria no "futuro" (abaixo). Permite aos utilizadores acrescentar comentários a uma base de dados, solicitando assim efetivamente a opinião pública. Esta abordagem pode revelar-se útil numa série de áreas de aplicação do turismo, como, por exemplo, a construção de parques temáticos, estâncias e locais de atração.

Em cima: Capturas de ecrã da aplicação de Realidade Aumentada Urbana (UAR) desenvolvida pelo Instituto de Arquitetura dos Países Baixos.

Segmento 5: Realidade V/A e mundo futuro

Realidade Aumentada: Potencialidades e desafios

Um sistema de realidade aumentada é um sistema que cria uma vista de uma cena real incorporando objectos virtuais gerados por computador, incluindo aqueles com propriedades tridimensionais completas, na cena. À medida que o utilizador desse sistema se desloca no cenário real, os objectos virtuais aparecem como se existissem realmente no cenário. Idealmente, os objectos virtuais devem interagir com o utilizador e com os objectos reais na cena de uma forma natural. Os domínios de aplicação descritos na secção 2.3 revelam que a realidade aumentada pode assumir uma série de formas diferentes. Em todas as aplicações que serão discutidas mais adiante, a realidade aumentada melhora o desempenho do utilizador no mundo e a sua perceção do mesmo. O objetivo final é criar um sistema tal que o utilizador não consiga distinguir entre o mundo real e o aumento virtual do mesmo. Para o utilizador deste sistema final, parecerá que está a trabalhar num único ambiente real. A figura mostra uma visão do que o utilizador pode ver quando utiliza um sistema de realidade aumentada

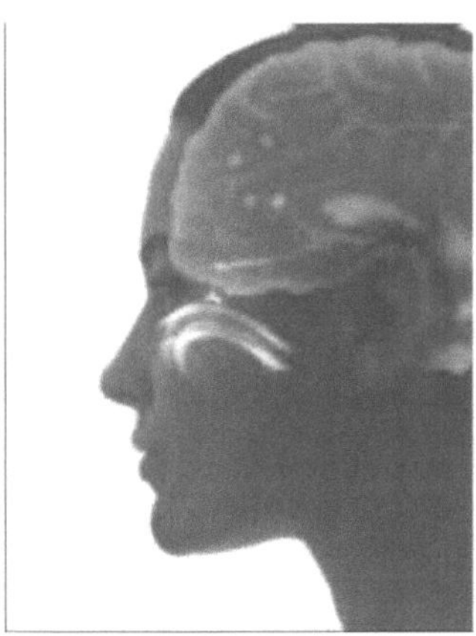

Exemplo de realidade aumentada no domínio da medicina

no domínio da medicina. Representa a fusão e o registo correto dos dados de um estudo de imagiologia pré-operatório na cabeça do doente. A disponibilização desta vista no bloco operatório melhoraria o desempenho do cirurgião e possivelmente eliminaria a necessidade de quaisquer outros dispositivos de calibração durante o procedimento. Considere-se outro cenário de aplicação, conforme ilustrado na Figura 5. Os planeadores da cidade querem visualizar o aspeto da paisagem quando for construída uma nova ponte pedonal. Dirigir-se-iam ao local proposto (Figura a) e (usando um dispositivo de realidade aumentada) veriam a área com a nova ponte fundida com a sua visão da paisagem (Figura b). Se fossem necessários ajustes, estes poderiam ser efectuados diretamente no modelo visual da nova ponte.

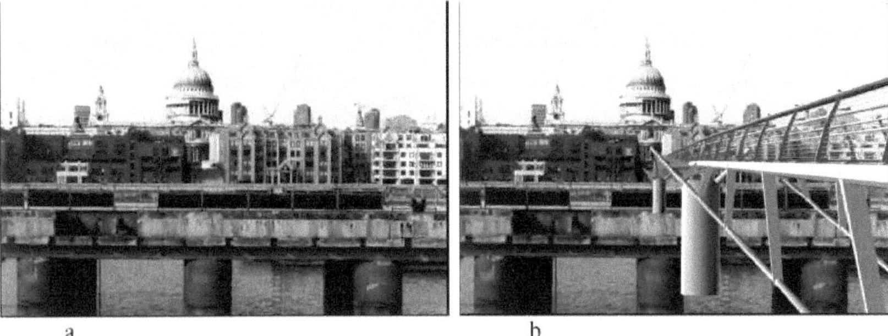

Figura - Pré-visualização de uma nova ponte pedonal utilizando um ecrã de realidade aumentada (Fraunhofer Institute for Computer Graphics 1997)

Domínios de aplicação actuais e futuros da Realidade Aumentada

Só recentemente é que as capacidades de processamento de imagens de vídeo em tempo real, os sistemas de computação gráfica e as novas tecnologias de visualização e hápticas convergiram para tornar possível a criação de um ambiente aumentado. Neste ambiente, as imagens de objectos virtuais tridimensionais são corretamente registadas com a vista do ambiente 3D que rodeia o utilizador e este pode interagir naturalmente com os objectos virtuais. Os investigadores que trabalham com sistemas de realidade aumentada propuseram-nos como soluções em muitos domínios. A literatura aborda áreas de aplicação que vão do entretenimento à formação militar. Muitos dos domínios, como o médico (Rosen, Laub et al. 1996), são também considerados domínios para sistemas de realidade virtual. Esta secção destaca algumas das aplicações propostas para a realidade aumentada

Médico

Uma vez que a tecnologia de imagiologia está tão difundida no domínio da medicina, não é surpreendente que este domínio seja considerado um dos mais importantes para os sistemas de realidade aumentada. A maioria das aplicações médicas diz respeito à cirurgia guiada por imagens. Os estudos imagiológicos pré-operatórios, como a tomografia computorizada ou a ressonância magnética do doente, fornecem ao cirurgião a visão necessária da anatomia interna. A partir destas imagens, a cirurgia é planeada. O cirurgião visualiza o caminho através da anatomia até à área afetada onde, por exemplo, um tumor tem de ser removido, criando primeiro um modelo 3D a partir das múltiplas vistas e cortes no estudo pré-operatório. Através da sua extensa formação, os cirurgiões tornam-se muito hábeis a criar mentalmente a visualização tridimensional necessária para efetuar um diagnóstico. Alguns sistemas mais recentes têm a capacidade de criar visualizações de volume em

3D a partir do estudo de imagiologia. A figura mostra como a realidade aumentada pode ser aplicada para que a equipa cirúrgica veja os dados de TC ou RM corretamente registados no doente no bloco operatório enquanto o procedimento está a decorrer. A possibilidade de registar com precisão as imagens neste momento melhorará o desempenho da equipa cirúrgica e poderá eliminar a necessidade das dolorosas e incómodas estruturas estereotáxicas (Mellor 1995a) atualmente utilizadas para o registo. As descrições de outros trabalhos na área da cirurgia guiada por imagens utilizando a realidade aumentada podem ser encontradas em (Lorensen, Cline et al. 1993; Grimson, Lozano-

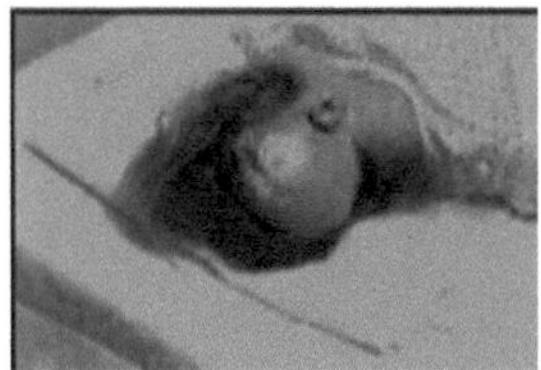

Figura - Procedimento cirúrgico guiado por imagem (Ettinger, Grimson et al. 1998)

Perez et al. 1994; Betting, Feldmar et al. 1995; Grimson, Ettinger et al. 1995; Mellor 1995a; Uenohara e Kanade 1995; Jannin, Bouliou et al. 1997). Outra aplicação da realidade aumentada no domínio médico é a imagiologia por ultra-sons (State, Chen et al. 1994). Utilizando um ecrã ótico transparente, o médico pode visualizar uma imagem volumétrica do feto sobreposta ao abdómen da mulher grávida. A imagem aparece como se estivesse dentro do abdómen e é corretamente processada à medida que o utilizador se move. A Figura a mostra uma imagem do sistema, juntamente com uma segunda aplicação em imagiologia por ultra-sons, apresentada na Figura b. Nesta segunda aplicação, a imagem de realidade aumentada ajuda o cirurgião a guiar uma agulha de biopsia para o local de um tumor suspeito durante uma biopsia mamária simulada

procedimento. O objeto em forma de V na parte esquerda da imagem é utilizado para registar a imagem de ultra-sons com a vista da cena real que o cirurgião está a ver.

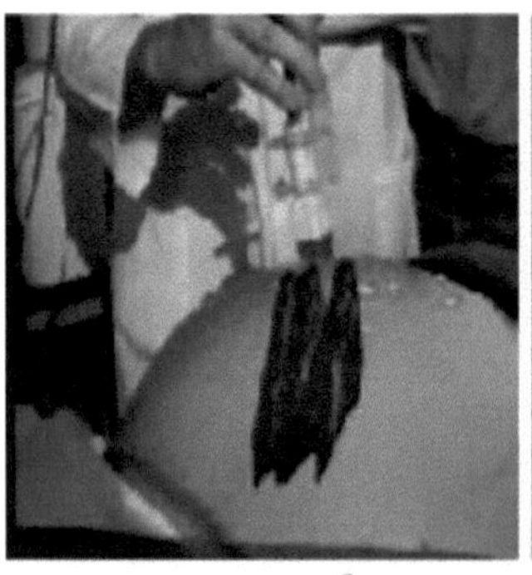

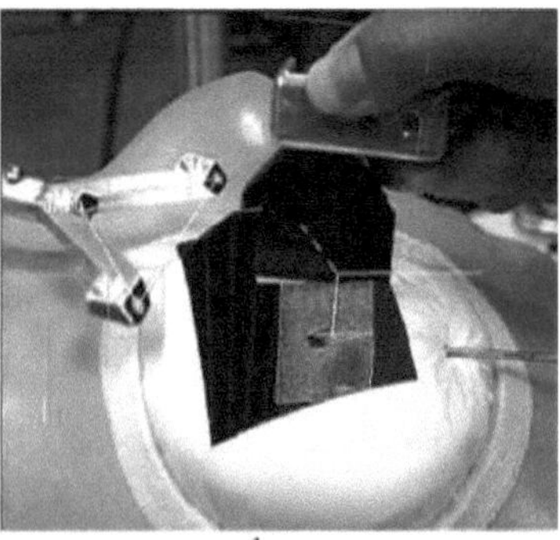

a   b

Figura Imagens de ultra-sons utilizando ecrãs de realidade aumentada (a (UNC - Chapel Hill 1995); b (UNC - Chapel Hill 1997))

Por último, uma aplicação futura é a extensão dos sistemas de visualização e simulação de cirurgia craniofacial baseados na realidade virtual (Patel, Vannier et al. 1996; Taylor, Funda et al. 1996), adicionando um ecrã de realidade aumentada. Atualmente, estes sistemas permitem ao cirurgião experimentar, dentro da segurança de um ambiente virtual, diferentes abordagens de tratamento para o trabalho reconstrutivo a realizar. O modelo em que o cirurgião trabalha é uma visualização de volume 3D derivada de um estudo pré-operatório de TC ou RM. A realidade aumentada permitiria ao cirurgião ver os resultados finais diretamente no doente, em vez de apenas com a visualização do volume.

Entretenimento

Uma forma simples de realidade aumentada tem vindo a ser utilizada no sector do entretenimento e das notícias há já algum tempo. Quando se assiste a um boletim meteorológico noturno, o meteorologista está muitas vezes em frente a mapas meteorológicos em mudança. No estúdio, o repórter está na realidade em frente a um ecrã azul ou verde. Esta imagem real é aumentada com mapas gerados por computador utilizando uma técnica chamada chroma-keying. Também é possível criar um ambiente de estúdio virtual para que os actores pareçam estar posicionados num estúdio com decoração gerada por computador (Gibbs 1995), um exemplo do qual é mostrado na Figura . O trabalho com estúdios virtuais é

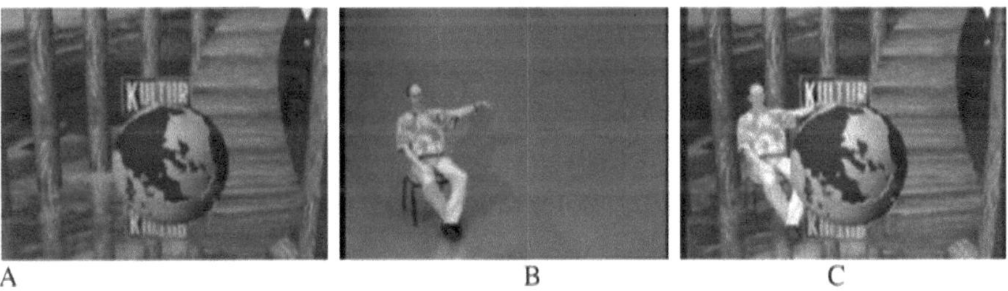

A   B   C

Figura - Tecnologia de cenários virtuais. (a) fundo do cenário virtual, (b) ação ao vivo, (c) vídeo combinado (Gibbs 1995).

A codificação da ação ao vivo vai além do simples chroma-keying de um ator sobre uma imagem de fundo bidimensional plana. A codificação tradicional é alargada de modo a definir o fundo em três dimensões e a codificar a ação ao vivo também como uma imagem tridimensional. Balcisoy e Thalmann (1997) apresentam um estúdio virtual povoado por seres humanos virtuais que interagem com actores humanos. As interações são cuidadosamente programadas e o ator humano não tem a capacidade de se sentir um ator virtual. Com o seguimento do ser humano, podem ser realizadas interações visuais adequadas. Este sistema utiliza câmaras calibradas e medições cuidadosas da localização dos objectos no estúdio real. Os efeitos especiais dos filmes utilizam a composição digital para criar ilusões (Pyros e Goren 1995). Em termos estritos, com a tecnologia atual, isto não é considerado realidade aumentada porque não é gerado em tempo real. A maioria dos efeitos especiais é criada off-line, quadro a quadro, com uma quantidade substancial de interação com o utilizador e renderização do sistema de computação gráfica. No entanto, está a ser desenvolvido algum trabalho de análise informática das imagens em direto para determinar os parâmetros da câmara e utilizá-los para gerar os objectos gráficos virtuais a fundir (Zorpette 1994). O Princeton Electronic Billboard desenvolveu um sistema de realidade aumentada que permite aos organismos de radiodifusão inserir anúncios em áreas específicas da emissão (National Association of Broadcasters 1994). Por exemplo, durante a transmissão de um jogo de basebol, este sistema coloca um anúncio na imagem de modo a que apareça na parede exterior do estádio. O painel eletrónico requer a calibração do estádio através da captação de imagens a partir de ângulos de câmara e definições de zoom típicos, a fim de construir um mapa do estádio, incluindo os locais nas imagens onde os anúncios serão inseridos. Utilizando pontos de referência pré-especificados no estádio, o sistema determina automaticamente o ângulo da câmara que está a ser utilizado e, com base no mapa predefinido do estádio, insere o anúncio no local correto. A abordagem utilizada para mapear estas superfícies planas é semelhante à que é apresentada no Capítulo 4 desta tese. Uma empresa francesa, a Symah Vision, também desenvolveu uma aplicação semelhante. Outra aplicação em transmissões desportivas é o sistema FoxTrax da rede Fox (Cavallaro 1997) para seguir a trajetória de um disco de hóquei durante um jogo. O trajeto do disco é sobreposto na imagem do ringue de hóquei como uma linha azul. A linha muda de cor consoante a velocidade do disco. Este sistema requer um processo de calibração pormenorizado para cada câmara de televisão e para o próprio ringue de gelo. A realidade aumentada pode ser aplicada para melhorar os jogos que as pessoas jogam. Um sistema (Jebara, Eyster et al. 1997) desenvolvido para jogadores de bilhar de bolso utiliza um ecrã montado na cabeça e um computador portátil para analisar a disposição da mesa e sugerir possíveis tacadas para o jogador dar. A trajetória da tacada é apresentada sob a forma de gráficos aumentados sobre a imagem da mesa de bilhar. Ou considere-se um jogo futurista de paintball em que os jogadores usam auscultadores de realidade aumentada. A imagem que os jogadores vêem não é apenas da área de jogo e dos seus adversários reais, mas os jogadores virtuais também estão a jogar com eles.

Militar

Os militares têm utilizado ecrãs nos cockpits que apresentam informações ao piloto no para-brisas do cockpit ou na viseira do seu capacete de voo. Trata-se de uma forma de ecrã de realidade aumentada. O SIMNET, um sistema distribuído de simulação de jogos de guerra, também está a adotar a tecnologia de realidade aumentada. Ao equipar o pessoal militar com visores montados no capacete ou com um telémetro para fins especiais (Urban 1995), é possível ver as actividades de outras unidades que participam no exercício. Ao olhar para o horizonte, por exemplo, o soldado equipado com um visor vê um helicóptero a elevar-se acima da linha das árvores (Metzger 1993). Na realidade, outro participante está a pilotar este helicóptero em simulação. Em tempo de guerra, a visualização da cena real do campo de batalha pode ser aumentada com informação de anotação ou destaque para realçar unidades inimigas escondidas. A Universidade de Rochester está a participar no projeto Video Surveillance and Monitoring (VSAM) financiado pela Defense Advance Research Projects Agency (DARPA). A figura mostra o cenário de utilização da realidade aumentada neste projeto. Unidades de reconhecimento aéreo sobrevoam o terreno e geram marcas de referência para

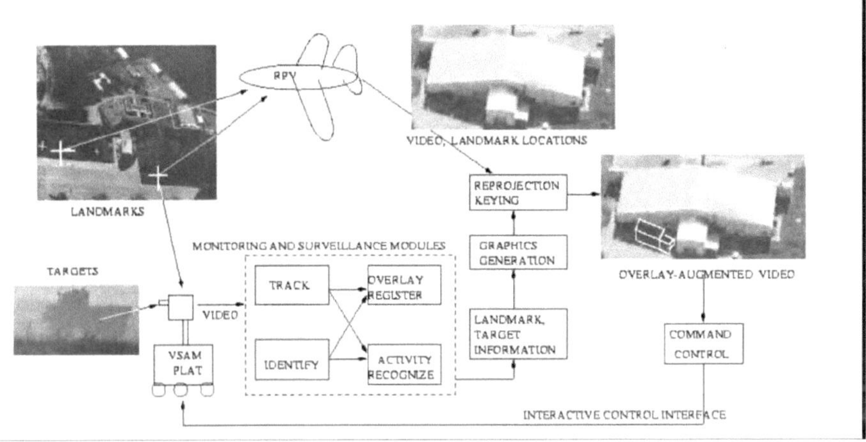

Figura - Cenário de vigilância e monitorização por vídeo (VSAM)

registo. Unidades terrestres autónomas com equipamento de videovigilância monitorizam secções da mesma área. São geradas vistas aéreas aumentadas pela informação das unidades de vigilância para comando e controlo estratégicos. Outro cenário equipa os combatentes de guerra ao nível do solo ou os combatentes do crime urbano/terrorismo com ecrãs especiais. As unidades de reconhecimento aéreo identificam objectos suspeitos e transmitem a localização desses objectos às unidades terrestres. Os objectos suspeitos podem estar escondidos da vista das forças terrestres, mas aparecerão na vista aumentada dos seus ecrãs.

Projeto de engenharia

Imagine que um grupo de designers está a trabalhar no modelo de um dispositivo complexo para os seus clientes. Os designers e os clientes querem fazer uma revisão conjunta do projeto, apesar de estarem fisicamente separados. Se cada um deles dispusesse de uma sala de conferências equipada com um ecrã de realidade aumentada, isso seria possível. O protótipo físico que os designers criaram é visualizado e apresentado em 3D na sala de conferências do cliente. Os clientes andam à volta do ecrã, observando os diferentes aspectos do mesmo. Para discutir, o cliente aponta para o protótipo para destacar secções, o que se reflecte no modelo real no ecrã aumentado que os designers estão a utilizar (Figura 11). Ou talvez numa fase anterior do projeto, antes de ser construído um protótipo, a vista em cada sala de conferências é aumentada com uma imagem gerada por computador do projeto atual, construída a partir dos ficheiros CAD que o descrevem. Isto permite uma interação em tempo real com os elementos da conceção, de modo a que qualquer das partes possa fazer ajustamentos e alterações que se reflectem na vista de ambos os grupos (Ahlers, Kramer et al. 1995).

Figura 11 - Projeto de engenharia com recurso a um ecrã de realidade aumentada (Breen 1995)

Uma técnica de obtenção interactiva de um modelo para objectos 3D, denominada 3D stenciling, que tira partido de um ecrã de realidade aumentada, está a ser investigada no nosso departamento por Kyros Kutulakos (Kutulakos e Vallino 1996a).

Robótica e Telerobótica

No domínio da robótica e da telerrobótica, um ecrã aumentado pode ajudar o utilizador do sistema (Kim, Schenker et al. 1993; Milgram, Zhai et al. 1993). Croby e Nafis (1994) descrevem um sistema de tele-manipulação de realidade aumentada para operações de inspeção de reactores nucleares. Num sistema de tele-robótica, o operador utiliza uma imagem visual do espaço de trabalho remoto para guiar o robot. A anotação da vista continua a ser útil, tal como acontece quando a cena está à frente do operador. Há um benefício potencial adicional. Uma vez que, frequentemente, a vista da cena remota é monoscópica, o aumento com desenhos de estruturas na vista facilita a visualização da geometria 3D remota. Se o operador estiver a tentar fazer um movimento, começa por praticá-lo num robô virtual que vê como uma ampliação da cena real. O operador pode decidir prosseguir com o movimento depois de ver os resultados. O robô executa o padrão de movimento diretamente, o que, numa aplicação de tele-robótica, elimina as oscilações frequentemente presentes devido aos longos atrasos de comunicação com o local remoto.

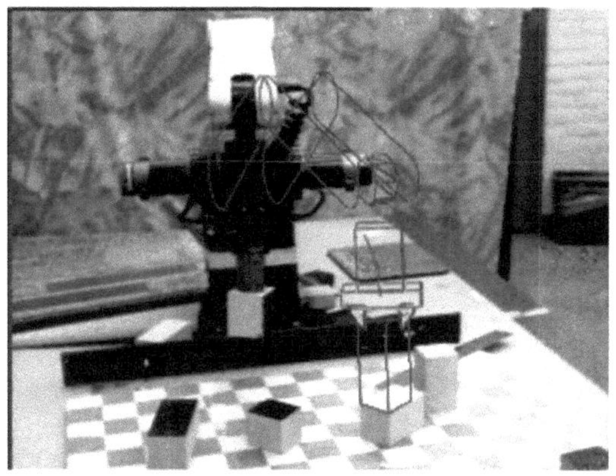

Figura - Realidade aumentada na robótica (Rastogi, Milgram et al.1995)

Fabrico, manutenção e reparação

Quando um técnico de manutenção se aproxima de um equipamento novo ou desconhecido, em vez de abrir vários manuais de reparação, basta colocar um ecrã de realidade aumentada. Neste ecrã, um sistema de realidade aumentada mostra a imagem do equipamento aumentada com anotações e informações pertinentes para a reparação. Por exemplo, é realçada a localização dos fixadores e do hardware de fixação que têm de ser removidos. Como parte do passo seguinte, uma vista interior da máquina destaca as placas que precisam de ser substituídas (Feiner, MacIntyre et al. 1993b; Uenohara e Kanade 1995). A figura 13 mostra um exemplo disto. Os militares desenvolveram um colete sem fios usado pelo pessoal que está ligado a um ecrã ótico transparente (Urban 1995). A ligação sem fios permite ao soldado aceder a manuais de reparação e a imagens do equipamento. As versões futuras poderão registar essas imagens no cenário real e fornecer animações para mostrar os procedimentos a executar.

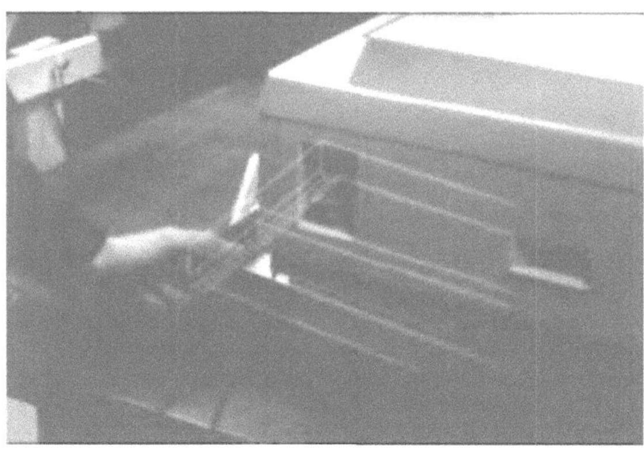

Figura - Aplicação de manutenção de equipamentos para realidade aumentada (Feiner, MacIntyre et al. 1995)

Os fabricantes de aeronaves estão particularmente activos na incorporação de sistemas de realidade aumentada nas suas actividades de fabrico e manutenção. Os investigadores da Boeing desenvolveram um ecrã de realidade aumentada para substituir as grandes estruturas de trabalho utilizadas para fabricar cablagens para os seus aviões (Caudell 1994; Sims 1994). Com este sistema experimental (Figura b), os técnicos são guiados pelo ecrã aumentado que mostra a passagem dos cabos numa estrutura genérica utilizada para todos os cablagens.

O ecrã aumentado permite a utilização de um único dispositivo para fabricar os múltiplos arneses. A investigação levada a cabo pela Universidade do Sul da Califórnia (Neumann e Cho 1996) em conjunto com a McDonnell-Douglas está a utilizar um sistema de realidade aumentada para guiar os técnicos através de sequências de manutenção e reparação Figura a.

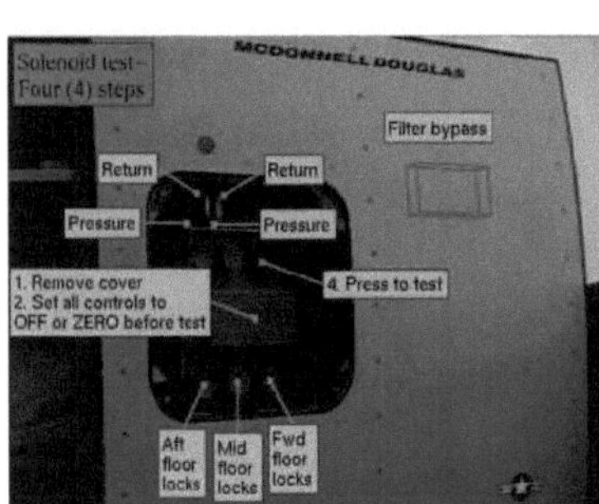

Figura - Utilização da realidade aumentada no fabrico de aeronaves (a) (Neumann e Cho 1997); b) Dr. David Mizell, The Boeing Company)

Aplicações para consumidores

Os sistemas de realidade virtual já estão a ser utilizados para o design do consumidor. Existem programas disponíveis para computadores domésticos que ajudam os proprietários de casas em projectos de remodelação, como a construção de um novo deck. Estes programas de computação gráfica permitem-lhe construir graficamente o novo terraço, fixado na parte de trás de um modelo geral de uma casa. É concebível que um sistema futuro permita fazer uma cassete de vídeo da sua casa, filmada de vários pontos de vista do seu quintal. O vídeo é introduzido no computador para que o programa de desenho possa mostrar o novo terraço, na sua forma final, ligado à sua casa. Ou utilizar uma cassete da sua cozinha atual e o programa de realidade aumentada substitui os armários da cozinha atual por imagens virtuais da nova cozinha que está a projetar. Também se podem imaginar aplicações na indústria da moda e da beleza que beneficiariam de um sistema de realidade aumentada. Se a loja de vestidos não tiver um determinado estilo de vestido no seu tamanho, pode ser utilizado um vestido de tamanho adequado para aumentar a sua imagem. Ao olhar para o espelho de três lados, vê uma imagem do novo vestido no seu corpo. Pode ver alterações no comprimento da bainha, estilos de ombros ou outros pormenores do design antes de fazer a encomenda. Hoje em dia, quando se vai a alguns salões de beleza de alta tecnologia, vê-se o aspeto de um novo penteado numa imagem digitalizada de si próprio. Mas com um sistema avançado de realidade aumentada, vê o novo penteado à medida que se move. Se a dinâmica do cabelo for incluída na descrição do objeto virtual, também vê o movimento do seu cabelo à medida que a sua cabeça se move

Referências

[1] R. T. Azuma et al., "A survey of augmented reality", Presence, vol. 6, no. 4, pp. 355-385, 1997.

[2] R. Azuma, Y. Baillot, R. Behringer, S. Feiner, S. Julier e B. MacIntyre, "Recent advances in augmented reality", Computer Graphics and Applications, IEEE, vol. 21, n.º 6, pp. 34-47, 2001.

[3] I. E. Sutherland e C. A. Mead, "Microelectronics and computer science", Scientific American, vol. 237, pp. 210-228, 1977.

[4] T. P. Caudell e D. W. Mizell, "Augmented reality: An application of heads-up display technology to manual manufacturing processes", em System Sciences, 1992. Actas da Vigésima Quinta Conferência Internacional do Hawaii, vol. 2. IEEE, 1992, pp. 659-669.

[5] A. L. Janin, D. W. Mizell e T. P. Caudell, "Calibração de ecrãs montados na cabeça para aplicações de realidade aumentada", em Virtual Reality Annual International Symposium, 1993, 1993\ IEEE. IEEE, 1993, pp. 246-255.

[6] R. Azuma, Y. Baillot, R. Behringer, S. Feiner, S. Julier e B. MacIntyre, "Recent advances in augmented reality", Computer Graphics and Applications, IEEE, vol. 21, n.º 6, pp. 34-47, 2001.

[7] M. de S'a e E. Churchill, "Mobile augmented reality: exploring design and prototyping techniques", em Proceedings of the 14th international conference on Human-computer interaction with mobile devices and services. ACM, 2012, pp. 221-230.

[8] O. Bimber, R. Raskar e M. Inami, Spatial augmented reality (Realidade espacial aumentada). AK Peters Wellesley, 2005.

[9] F. Zhou, H. B.-L. Duh, e M. Billinghurst, "Trends in augmented reality tracking, interaction and display: A review of ten years of ismar," in Proceedings of the 7th IEEE/ACM International Symposium on Mixed and Augmented Reality. IEEE Computer Society, 2008, pp. 193-202.

[10] A. Shatte, J. Holdsworth, and I. Lee, "Mobile augmented reality based context-aware library management system," Expert Systems with Applications, vol. 41, no. 5, pp. 2174-2185, 2014.

[11] W. Piekarski, B. Gunther e B. Thomas, "Integração de realidades virtuais e aumentadas numa aplicação exterior", em Augmented Reality, 1999.(IWAR'99) Proceedings. 2º IEEE e

Workshop Internacional da ACM. IEEE, 1999, pp. 45-54.

[12] S. K. Ong, A. Y. Nee, e S. K. Ong, Virtual Reality and Augmented Reality Applications in Manufacturing. SpringerVerlag, 2004.

[13] D. Van Krevelen e R. Poelman, "A survey of augmented reality technologies, applications and

limitations", International Journal of Virtual Reality, vol. 9, n.º 2, p. 1, 2010.

[14] P. Milgram e F. Kishino, "A taxonomy of mixed reality visual displays", IEICE TRANSACTIONS on Information and Systems, vol. 77, n.º 12, pp. 1321-1329, 1994.

[15] S. M. Land e H. T. Zimmerman, "Synthesizing perspectives on augmented reality and mobile learning", TechTrends, vol. 58, n.º 1, p. 3, 2014.

[16] H.-Y. Chang, H.-K. Wu, e Y.-S. Hsu, "Integrando uma atividade de realidade aumentada móvel para contextualizar a aprendizagem dos alunos de uma questão sociocientífica", British Journal of Educational Technology, vol. 44, no. 3, pp. E95-E99, 2013.

[17] L. Alem e W. T. Huang, Tendências recentes dos sistemas móveis colaborativos de realidade aumentada. Springer, 2011.

[18] F. P. Brooks Jr, "The computer scientist as toolsmith ii," Communications of the ACM, vol. 39, no. 3, pp. 61-68, 1996.

[19] I. E. Sutherland, "A head-mounted three dimensional display", em Proceedings of the December 9-11, 1968, fall joint computer\ conference, part I. ACM, 1968, pp. 757-764.

[20] D. W. Roberts, J. W. Strohbehn, J. F. Hatch, W. Murray, e H. Kettenberger, "A frameless stereotaxic integration of computerized tomographic imaging and the operating microscope, "Journal of neurosurgery, vol. 65, no. 4, pp. 545-549, 1986.

[21] M. Bajura, H. Fuchs, e R. Ohbuchi, "Fundindo objectos virtuais com o mundo real: Seeing ultrasound imagery within the patient", em ACM SIGGRAPH Computer Graphics, vol. 26, no. 2. ACM, 1992, pp. 203-210.

[22] T. Blum, R. Stauder, E. Euler e N. Navab, "Superman-like x-ray vision: Towards braincomputer interfaces for medical augmented reality", em Mixed and Augmented Reality (ISMAR), 2012 IEEE International Symposium on. IEEE, 2012, pp. 271-272.

[23] R.Wen,W.-L. Tay, B. P. Nguyen, C.-B. Chng, e C.-K. Chui, "Cirurgia assistida por robô guiada por gestos de mão com base numa interface direta de realidade aumentada", Métodos e programas informáticos em biomedicina, 2014.

[24] T. Sielhorst, M. Feuerstein e N. Navab, "Ecrãs médicos avançados: A literature review of augmented reality," Display Technology, Journal of, vol. 4, no. 4, pp. 451-467, 2008.

[25] E. C. Urban, "The information warrior", em Technology and society. Prentice-Hall, Inc., 1999, pp. 493-501.

[26] E. Foxlin, Y. Altshuler, L. Naimark e M. Harrington, "Flighttracker: a novel optical/inertial

tracker for cockpit enhanced vision", em Proceedings of the 3rd IEEE/ACM International Symposium on Mixed and Augmented Reality. IEEE Computer Society, 2004, pp. 212-221.

[27] M. A. Livingston, L. J. Rosenblum, S. J. Julier, D. Brown, Y. Baillot, J. E. S. II, J. L. Gabbard, e D. Hix, "An augmented reality system for military operations in urban terrain," in The Interservice/Industry Training, Simulation & Education Conference (I/ITSEC), vol. 2002, no. 1. NTSA, 2002.

[28] D. Yu, J. S. Jin, S. Luo, W. Lai e Q. Huang, "Uma técnica de visualização útil: A literature review for augmented reality and its application, limitation & future direction," in Visual Information Communication. Springer, 2010, pp. 311-337.

[29] B. Sanders, R. Crowe, e E. Garcia, "Defense advanced research projects agency-smart materials and structures demonstration program overview," Journal of Intelligent Material Systems and Structures, vol. 15, no. 4, pp. 227-233, 2004.

[30] S. Julier, M. Lanzagorta, Y. Baillot, L. Rosenblum, S. Feiner, T. Hollerer, e S. Sestito, "Information filtering for mobile augmented reality," in Augmented Reality, 2000.(ISAR 2000). Actas. Simpósio Internacional IEEE e ACM sobre.

IEEE, 2000, pp. 3-11.

[31] Y. Baillot, D. Brown, e S. Julier, "Autoria de modelos físicos utilizando computadores móveis," in Wearable Computers, 2001. Actas. Quinto Simpósio Internacional sobre. IEEE,

2001, pp. 39-46.

[32] G. Reinhart e C. Patron, "Integrating augmented reality in the assembly domain - fundamentals, benefits and applications," fCIRPg Annals - Manufacturing Technology, vol. 52, no. 1, pp. 5 - 8, 2003.

[33] A. Tang, C. Owen, F. Biocca, e W. Mou, "Comparative effectiveness of augmented reality in object assembly," in Proceedings of the SIGCHI conference on Human factors in computing systems. ACM, 2003, pp. 73-80.

[34] R. L. Silva, P. S. Rodrigues, J. C. Oliveira, e G. Giraldi, "Augmented reality for scientific visualization: Bringing data sets inside the real world," in Proc. of the 2004 Summer Computer Simulation Conference. Citeseer, 2004, pp. 520-525.

[35] W. Qi, "A vision-based augmented reality system for visualization\ interaction," in Information Visualisation, 2005. Actas. Nona Conferência Internacional sobre. IEEE, 2005, pp. 404-409.

[36] V. P. Claus Brenner, J. Haunert, e N. Ripperda, "The geoscope-a mixed-reality system for planning and public participation," in 25th Urban data management symposium, 2006.

[37] O. Hugues, P. Fuchs, e O. Nannipieri, "New augmented reality taxonomy: Technologies and features of augmented environment", em Handbook of Augmented Reality. Springer, 2011, pp. 47-63.

[38] T. N. Arvanitis, A. Petrou, J. F. Knight, S. Savas, S. Sotiriou, M. Gargalakos, e E. Gialouri, "Factores humanos e avaliação pedagógica qualitativa de um sistema móvel de realidade aumentada para o ensino das ciências utilizado por alunos com deficiências físicas,"

Personal and ubiquitous computing, vol. 13, no. 3, pp. 243-250, 2009.

[39] M. Fjeld e B. M. Voegtli, "Augmented chemistry: An interactive educational workbench," in Mixed and Augmented Reality, 2002. ISMAR 2002. Actas. Simpósio Internacional sobre. IEEE, 2002, pp. 259-321.

[40] A. Clark e A. Dunser, "An interactive augmented reality coloring book," in 3D User Interfaces (3DUI), 2012 IEEE Symposium on. IEEE, 2012, pp. 7-10.

[41] R. Cavallaro, "The foxtrax hockey puck tracking system," IEEE Computer Graphics and Applications, vol. 17, no. 2, pp. 6-12, 1997.

[42] R. Azuma, I. Neely, H., M. Daily e J. Leonard, "Performance analysis of an outdoor augmented reality tracking system that relies upon a few mobile beacons," in Mixed and Augmented Reality, 2006. ISMAR 2006. IEEE/ACM International Symposium on, 2006, pp. 101-104.

[43] R. Cavallaro, M. Hybinette, M. White e T. Balch, "Augmenting live broadcast sports with 3d tracking information", IEEE MultiMedia, pp. 38-47, 2011.

[44] S. A. Green, M. Billinghurst, X. Chen e G. Chase, "Humanrobot collaboration: A literature review and augmented reality approach in design", 2008.

[45] N. Suzuki, A. Hattori, e M. Hashizume, "Benefits of augmented reality function for laparoscopic and endoscopic surgical robot systems," navigation, vol. 1, p. 6, 2008.

[46] W. S. Kim, "Virtual reality calibration and preview/predictive displays for telerobotics", 1995.

[47] S. Tachi, "Experimental study on remote manipulation using reality", em Proceedings of the Eighth international symposium on measurement and control in robotics, Universidade Técnica Checa em Praga, República Checa, 8-12 de junho de 1998, pp. 29-34.

[48] M. Daily, Y. Cho, K. Martin e D. Payton, "World embedded interfaces for human-robot interaction", em System Sciences, 2003. Actas da 36ª Conferência Internacional Anual do Hawaii. IEEE, 2003, pp. 6-pp.

[49] M. Stilman, P. Michel, J. Chestnutt, K. Nishiwaki, S. Kagami e J. Kuffner, "Augmented reality

for robot development and experimentation", Robotics Institute, Carnegie Mellon University, Pittsburgh, PA, Tech. Rep. CMU-RI-TR-05-55, 2005.

[50] H. Worn, M. Aschke, e L. Kahrs, "New augmented reality and robotic based methods for head-surgery," The International Journal of Medical Robotics and Computer Assisted Surgery, vol. 1, no. 3, pp. 49-56, 2005.

[51] T. Collett e B. A. MacDonald, "Developer oriented visualization of a robot program," in Proceedings of the 1st ACM SIGCHI/SIGART conference on Human-robot interaction. ACM, 2006, pp. 49-56.

[52] H. Portilla e L. Basanez, "Augmented reality tools for enhanced robotics teleoperation systems," in 3DTV Conference, 2007. IEEE, 2007, pp. 1-4.

[53] J. C. Maida, C. K. Bowen, e J. Pace, "Improving robotic operator performance using augmented reality," in Proceedings of the Human Factors and Ergonomics Society Annual Meeting, vol. 51, no. 27. SAGE Publications, 2007, pp. 1635- 1639.

[54] J. Chong, S. Ong, A. Nee, e K. Youcef-Youmi, "Robot programming using augmented reality: An interactive method for planning collision-free paths," Robotics and Computer- Integrated Manufacturing, vol. 25, no. 3, pp. 689-701, 2009.

[55] M. Kostandov, J. Schwertfeger, O. C. Jenkins, R. Jianu, M. Buller, D. Hartmann, M. Loper, A. Tsoli, M. Vondrak, W. Zhou et al., "Robot gaming and learning using augmented reality," in ACM SIGGRAPH 2007 posters. ACM, 2007, p. 5.

[56] L.-M. Su, B. P. Vagvolgyi, R. Agarwal, C. E. Reiley, R. H. Taylor, e G. D. Hager, "Augmented reality during robot-assisted laparoscopic partial nephrectomy: toward real-time 3d- ct to stereoscopic video registration," Urology, vol. 73, no. 4, pp. 896-900, 2009.

[57] M. Billinghurst e A. D "unser, "Augmented reality in the classroom", Computer, vol. 45, n.º 7, pp. 56-63, 2012.

[58] S. Yuen, G. Yaoyuneyong, e E. Johnson, "Augmented reality: An overview and five diretions for ar in education", Journal of Educational Technology Development and Exchange, vol. 4, n.º 1, pp. 119-140, 2011.

[59] R. G. Thomas, N. William John, e J. M. Delieu, "Augmented reality for anatomical education," Journal of visual communication in medicine, vol. 33, n.º 1, pp. 6-15, 2010.

[60] L. F. Johnson, A. Levine, R. S. Smith e K. Haywood, "Tecnologias emergentes fundamentais para o ensino básico e secundário". Tech Diretions, vol. 70, no. 3, pp. 33-34, 2010.

[61] R. Spies, M. Ablaßmeier, H. Bubb, e W. Hamberger, "Augmented interaction and visualization

in the automotive domain," in Human-Computer Interaction. Ambient, Ubiquitous and Intelligent Interaction, ser. Lecture Notes in Computer Science, J. Jacko, Ed. Springer Berlin Heidelberg, 2009, vol.

5612, pp. 211-220.

[62] J. Carmigniani, B. Furht, M. Anisetti, P. Ceravolo, E. Damiani, e M. Ivkovic, "Augmented reality technologies, systems and applications," Multimedia Tools and Applications, vol. 51, n.º 1, pp. 341-377, 2011.

[63] J.-H. Chen, W.-Y. Chen, e C.-H. Chen, "Esquema de recuperação de identificação usando código de resposta rápida (qr) e técnica de marca d'água". Applied Mathematics & Information Sciences, vol. 8, no. 2, 2014.

[64] G. Papagiannakis, G. Singh e N. Magnenat-Thalmann, "A survey of mobile and wireless technologies for augmented reality systems", Computer Animation and Virtual Worlds, vol. 19, n.º 1, pp. 3-22, 2008.

[65] J. Pilet, V. Lepetit e P. Fua, "Fast non-rigid surface detection, registration and realistic augmentation", International Journal of Computer Vision, vol. 76, n.º 2, pp. 109-122, 2008.

[66] J. P. Rolland e H. Fuchs, "Optical versus video see-through head-mounted displays in medical visualization," Presence: Teleoperators and Virtual Environments, vol. 9, no. 3, pp. 287309, 2000.

[67] R. Stoakley, M. J. Conway, and R. Pausch, "Virtual reality on a wim: interactive worlds in miniature," in Proceedings of the SIGCHI conference on Human factors in computing systems. ACM Press/Addison-Wesley Publishing Co., 1995, pp. 265-272.

[68] T. Ogi, T. Yamada, K. Yamamoto e M. Hirose, "Invisible interface for the immersive virtual world", em Immersive Projection Technology and Virtual Environments 2001. Springer, 2001, pp. 237-246.

[69] S. Vogt, A. Khamene, e F. Sauer, "Reality augmentation for medical procedures: System architecture, single camera marker tracking, and system evaluation," International Journal of Computer Vision, vol. 70, no. 2, pp. 179-190, 2006.

[70] K. Kiyokawa, M. Billinghurst, B. Campbell, e E. Woods, "An occlusion-capable optical see-through head mount display for supporting co-located collaboration," in Proceedings of the 2nd IEEE/ACM International Symposium on Mixed and Augmented Reality. IEEE Computer Society, 2003, p. 133.

[71] K. Seungjun, K. Hojung, E. Seongeun, e N. P. Mahalik, "A reliable new 2-stage distributed interactive tgs system based on gis database and augmented reality," IEICE transactions on

information and systems, vol. 89, no. 1, pp. 98-105, 2006.

[72] V. Vlahakis, M. Ioannidis, J. Karigiannis, M. Tsotros, M. Gounaris, D. Stricker, T. Gleue, P. Daehne, e L. Almeida, "Archeoguide: An augmented reality guide for archaeological sites", Computer Graphics and Applications, IEEE, vol. 22, no. 5, pp. 52-60, 2002.

[73] F. Fritz, A. Susperregui, e M. Linaza, "Enhancing cultural tourism experiences with augmented reality technologies" (Melhorar as experiências de turismo cultural com tecnologias de realidade aumentada). 6º Simpósio Internacional sobre Realidade Virtual, Arqueologia e Património Cultural (VAST), 2005.

[74] D. Ingram, "Trust-based filtering for augmented reality," in Trust Management. Springer, 2003, pp. 108-122.

[75] M. Mart'ıne/ e G. Mu~noz, "Designing augmented interfaces for guided tours using multimedia sketches." in MIXER. Citeseer, 2004.

[76] F. D'ıez-D'ıa/, M. Gon/'alez-Rodr'igue/, and A. Vidau, "An accessible and collaborative tourist guide based on augmented reality and mobile devices," in Universal Access in HumanComputer Interaction. Ambient Interaction. Springer, 2007, pp. 353-362.

[77] S. Feiner, B. MacIntyre, T. Hollerer e A. Webster, "A touring machine: Prototyping 3d mobile augmented reality systems for exploring the urban environment", Personal Technologies, vol. 1, no. 4, pp. 208-217, 1997.

[78] N. R. Hedley, M. Billinghurst, L. Postner, R. May, e H. Kato, "Explorations in the use of augmented reality for geographic visuali/ation," PRESENCE: Teleoperators and virtual environments, vol. 11, no. 2, pp. 119-133, 2002.

[79] J. M. Krisp et al., Geovisuali/ation and knowledge discovery for decision-making in ecological network planning. Universidade de Tecnologia de Helsínquia, 2006.

[80] F. Liarokapis, I. Greatbatch, D. Mountain, A. Gunesh, V. Brujic-Okretic, e J. Raper, "Mobile augmented reality techniques for geovisualisation," in Information Visualisation, 2005. Actas. Nona Conferência Internacional sobre. IEEE, 2005, pp. 745-751.

[81] F. Liarokapis, V. Brujic-Okretic, e S. Papakonstantinou, "Exploring urban environments using virtual and augmented reality," Journal of Virtual Reality and Broadcasting, vol. 3, no. 5, pp. 1-13, 2006.

[82] A. Moore, "Maps as comics, comics as maps", em Proceedings, 24th International Cartography Conference (ICC 2009), pp. 15-21.

[83] K. H. Ahlers, A. Kramer, D. E. Breen, P.-Y. Chevalier, C. Crampton, E. Rose, M. Tuceryan, R.

T. Whitaker e D. Greer, "Distributed augmented reality for collaborative design applications", em Computer Graphics Forum, vol. 14, no. 3. Wiley Online Library, 1995, pp. 314.

[84] S. K. Feiner, A. C. Webster, T. KRUEGER, B. MacIntyre, e E. J. Keller, "Architectural anatomy," Presence-Teleoperators and Virtual Environments, vol. 4, no. 3, pp. 318-325, 1995.

[85] A. Webster, S. Feiner, B. MacIntyre, W. Massie, e T. Krueger, "Augmented reality in architectural construction, inspection and renovation," in Proc. ASCE Third Congress on Computing in Civil Engineering, 1996, pp. 913-919.

[86] A. H. Behzadan e V. R. Kamat, "Visualization of construction graphics in outdoor augmented reality", em Actas da 37.ª conferência sobre simulação de inverno. Conferência de Simulação de inverno, 2005, pp. 1914-1920.

[87] K. Kensek, D. Noble, M. Schiler, e A. Tripathi, "Augmented reality: An application for architecture," in Proc. 8th International Conference on Computing in Civil and Building Engineering, ASCE, Stanford, CA, 2000, pp. 294-301.

[88] H. Ishii, E. Ben-Joseph, J. Underkoffler, L. Yeung, D. Chak, Z. Kanji, e B. Piper, "Augmented urban planning workbench: overlaying drawings, physical models and digital simulation," in Proceedings of the 1st International Symposium on Mixed and Augmented Reality. IEEE Computer Society, 2002, p. 203.

[89] E. Ben-Joseph, H. Ishii, J. Underkoffler, B. Piper, e L. Yeung, "Urban simulation and the luminous planning table bridging the gap between the digital and the tangible," Journal of planning Education and Research, vol. 21, n.º 2, pp. 196-203, 2001.

[90] H. Kato, K. Tachibana, M. Tanabe, T. Nakajima e Y. Fukuda, "Um sistema de planeamento urbano baseado na realidade aumentada com uma interface tangível", em Mixed and Augmented Reality, 2003. Actas. The Second IEEE and ACM International Symposium on. IEEE, 2003, pp. 340341.

[91] W. Piekarski e B. H. Thomas, "Técnicas interactivas de realidade aumentada para construção à distância de geometria 3d", em Actas do workshop sobre ambientes virtuais 2003. ACM, 2003, pp. 19-28.

[92] J. M. S. Dias, A. Capo, J. Carreras, R. Galli, e M. Gamito, "A4d: augmented reality 4d system for architecture and building construction," in Conferencia Virginia tech, 2003.

[93] A. Malkawi e R. Srinivasan, "Building performance visualization using augmented reality," in Proceedings of 14th International Conference on Computer Graphics, Moscovo, Rússia, Se, 2004, pp. 6-10.

[94] Y. Guo, Q. Du, Y. Luo, W. Zhang, e L. Xu, "Application of augmented reality gis in architecture," The International\ Archives of Photogrammetry, Remote Sensing and Spatial Information Sciences, vol. 37, pp. 331-336, 2008.

[95] W. Broli, I. Lindt, J. Ohlenburg, M. Wittk "amper, C. Yuan, T. Novotny, C. Mottram, A. Fatah gen Schieck, e A. Strothman, "Arthur: A collaborative augmented environment for architectural design and urban planning", 2004.

[96] J. P. V. Leeuwen e H. J. Timmermans, Innovations in design & decision support systems in architecture and urban planning. Springer-Verlag New York, Inc., 2006.

[97] A. S'a, M. L. Fern'ande/, A. Raposo, A' . M. da Costa2e, e M. Gattass, "Augmented reality to aid construction management," CMNE/CILAMCE, 2007.

[98] D. A. Belcher, "Augmented reality, architecture and ubiquity: Technologies, theories and frontiers", dissertação de doutoramento, Universidade de Washington, 2008.

Bajura, M., Fuchs, H., Ohbuchi, R. (1992) "Merging Virtual Objects with the Real World: Vendo imagens de ultrassom dentro do paciente". Em *Proceedings of SIGGRAPH '92*, Nova Iorque: ACM Press, pp. 203-210.

Sítio Web do MagicBook http://www.hitl.washington.edu/magicbook/

Caudell, T.P., e Mi/ell, D.W. (1992) "Augmented Reality: an application of heads-up display technology to manual manufacturing processes." In *Proceedings of the Twenty-Fifth Hawaii International Conference on Systems Science, Kauai, Hawaii, 7th-10th Jan. 1992*, Vol. 2, pp. 659-669.

Feiner, S., MacIntyre, B., e Seligmann, D. (1993) "Knowledge-Based Augmented Reality". *Communications of the ACM*, Vol. 36(7), pp. 53-62.

Gav, G., Lentini, M. "Use of Communication Resources in a Networked Collaborative Design Environment." http://www.osu.edu/units/jcmc/IMG_JCMC/ResourceUse.html.

Inkpen, K. (1997) *Adapting the Human Computer Interface to Support Collaborative Learning Environments for Children*. Dissertação de doutoramento, Departamento de Informática, Universidade de British Columbia, .

K. Kiyokawa, M. Billinghurst, S. Hayes, A. Gupta, Y. Sannohe, H. Kato. (2002) "Communication Behaviors of Co-Located Users in Collaborative AR Interfaces". In *Proceedings of the IEEE and ACM International Symposium on Mixed and Augmented Reality (ISMAR 2002), 30 Sept. - 1 Oct., 2002, Darmstadt, Germany*, IEEE Press, Los Alamitos, CA, pp. 139-148.

Milgram, P., Kishino, F. A, (1994) "Taxonomy of Mixed Reality Visual Displays". IECE *Trans. on*

Information and Systems (Special Issue on Networked Reality), vol. E77-D, n.º 12, pp.13211329 .

Ohshima, T., Satoh, K., Yamamoto, H. e Tamura, H.(1998) "AR2 Hockey: A Case Study of Collaborative Augmented Reality", *Proc. IEEE VRAIS '98*, pp.268-275 .

Poupyrev, I., Billighurst, M. Kato, H., May, R. (2000) "Integrating Real and Virtual Worlds in Shared Space". In *Proceedings of the 5th International Symposium on Artificial Life and Robotics (AROB 5th'00), Oita, Japão, 26-28 de janeiro de 2000*, Vol. 1, pp. 22-25.

Schmalsteig, D., Fuhrmann, A., Szalavari, Z., Gervautz, M., (1996) "Studierstube - Um ambiente para colaboração em realidade aumentada". In *CVE '96 Workshop Proceedings, 19 e 20 de setembro de 1996*, Nottingham, Grã-Bretanha.

Strommen, E.F. (1993) "O teu come folhas?" Aprendizagem cooperativa numa tarefa de software educativo". *Journal of Computing in Childhood Education*, 4(1), 45-56.

Watson, J. (1991)" Aprendizagem cooperativa e computadores: One way to address student differences." *The Computing Teacher*, 18(4), pp. 9-15.

Adams, T. (2001). Future Warfare and the Decline of Human Decisionmaking. *Parâmetros: Trimestral da Escola de Guerra do Exército dos EUA. inverno 2001-02, Vol. XXXI, No. 4*. Retrieved February 10, 2002, from http://carlisle-www.army.mil/usawc/Parameters/01winter/adams.htm *Advertisers Tune In To Interactive TV*. (2000). Reuters. New York Times on-line. 1 de dezembro.

Allen, B., Bishop, G., Welch, G. (2001). *Rastreio: Para além dos 15 minutos de reflexão.* SIGGRAPH 2001, Curso 11.   RetrievedFebruary   2,   2002, from

http://www.cs.unc.edu/~tracker/media/pdf/SIGGRAPH2001_CoursePack_11.pdf

Laboratórios de metanfetaminas abrem caminho no Kentucky. Associated Press (2002). New York Times on-line.

17 de julho.

Azuma, R. (agosto de 1997). Um estudo sobre a realidade aumentada. *Presença: Teleoperadores e Ambientes Virtuais 6,4*. Obtido em 23 de janeiro de   2002, de

http://www.cs.unc.edu/~azuma/azuma_publications.html

Azuma, R., Baillot, Y., Behringer, R., Feiner, S., Julier, S., MacIntyre, B. (2001, novembro/dezembro). Recent Advances in Augmented Reality (Avanços recentes em realidade aumentada). *IEEE Computer Graphics and Applications*. Obtido em 9 de fevereiro de 2002, em http://www.computer.org/cga/cg2001/g6toc.htm

Bajura, M. (1997). *Fusão de Ambientes Reais e Virtuais com HeadDisplays de Vídeo See-Through.*

Tese de doutoramento, Universidade da Carolina do Norte, Chapel Hill. Obtido em 1 de fevereiro de 2002, de

http://citeseer.nj.nec.com/cache/papers/cs/1615/ftp:zSzzSzftp.cs.unc.eduzSzpubzSzpublic ationszSztechreportszSz98-036.pdf/bajura97merging.pdf

O scanner corporal vê como o Super-Homem. (2001). Reportagem da Wired News.

http://www.wired.com/news/technology/0,1282,48966,00.html.

Wired.com. 11 de dezembro.

Resumo da sessão de discussão do workshop sobre computadores vestíveis da Boeing. (1996, agosto) Human

Sessão de Interação com o Computador. Obtido em 17 de fevereiro de 2002, de http://www-2.cs.cmu.edu/afs/cs.cmu.edu/project/vuman/www/home.html

Bowen, T. (2002). Os computadores classificam o género num mundo binário. *Technology Research News*.

Recuperado em 10 de fevereiro de   2002,   de http://www.trnmag.com/Stories/2002/013002/Computers_sort_gender_in_a_binary_worl d_013002.html

Broderick, D. (2001). *The Spike: How Our Lives Are Being Transformed by Rapidly Advancing Technologies [O pico: como as nossas vidas estão a ser transformadas pelo rápido avanço das tecnologias].* Nova Iorque: Tom Doherty Associates, LLC.

Broll, W., Schafer, L., Hollerer, T., Bowman, D. (2001). Interface com os Anjos: O futuro da

Interfaces de RV e RA. *IEEE Computer Graphics and Applications.* novembro/dezembro de 2001. Recuperado em 9 de fevereiro de 2002, de http://www.computer.org/cga/cg2001/g6toc.htm

Brown, S. (2000, maio). Law of Accelerating Returns. *EE Times.* Recuperado em 10 de fevereiro de 2002, de http://www.eetimes.com/myf00/ceo_alpine.html

Callahan, Rick (2002). *Câmera pode ser capaz de detetar mentirosos.* Associated Press, dos serviços de   notícias   jurídicas   da   FindLaw.   http://news.findlaw.eom/ap/o/1501/1-2-2002/200201021009999506.html. 2 de janeiro.

Clarke, A. (1984). *The Profiles of the Future: An Inquiry Into the Limits of the Possible.* Nova Iorque: Henry Holt.

Colbridge, Thomas D. (2001). *Kyllo vs. Estados Unidos: Technology Versus Individual Privacy.*

Resumo legal. Boletim de Aplicação da Lei do FBI. outubro. Pp. 25-32.

Colgate, J., Wannasuphoprasit, W., Peshkin, M. (1996). *Cobots: Robots for Collaboration with Human Operators (Robôs para colaboração com operadores humanos)*. Actas do Congresso e Exposição Internacional de Engenharia Mecânica, Atlanta, GA, DSC-Vol. 58, pp. 433-39. Obtido em 15 de fevereiro de 2002

De http://lims.mech.nwu.edu/publications/jecolgate/IMECE96.Colgate.Wannasuphoprasit.Pe shkin.html

Universidade de Columbia. *MARS - Mobile Augmented Reality Systems (Sistemas Móveis de Realidade Aumentada)*. (n.d.) Obtido em 2 de fevereiro de 2002 em http://www.cs.columbia.edu/graphics/projects/mars/mars.html Defense Advanced Research Projects Agency. (2001). *The Context Machine*. Escola Naval de Pós-Graduação. Monterey, CA. Obtido em 4 de fevereiro de 2002, em http://www.darpa.mil/ito/psum2001/m056- 0.html

Agência de Projectos de Investigação Avançada de Defesa. *Materiais Sintéticos Multifuncionais (SMFM) - Bateria de Estado Sólido de Película Fina em Fibras Estruturais para Têxteis e Compósitos com Energia Integrada.* Website. Recuperado em 10 de fevereiro de 2002, de

http://www.darpa.mil/dso/thrust/md/smfm/itn.html

Denning, P. (Ed.). (2002). *O Futuro Invisível: The Seamless Integration of Technology Into Vida quotidiana*. Nova Iorque: McGraw-Hill.

Dertouzos, M. (2001). *The Unfinished Revolution (A Revolução Inacabada)*. Nova Iorque: HarperCollins.

Everett, S., Wauchope, K., Perez-Quinones, M. (1998). *Criação de interfaces de linguagem natural para sistemas de RV: Experiences, Observations and Lessons Learned*. Future Fusion: Realidades de aplicação para a era virtual, Actas da VSMM98, 4.

Conferência sobre Sistemas Virtuais e Multimédia, Vol. 2, pp. 469-474. IOS Press, Burke,

VA. RetrievedFebruary10 , 2002, from

http://www.aic.nrl.navy.mil/~severett/VSMM98/VSMM98.html

Feiner, S. (1997). *Uma máquina de turismo: Prototyping 3D Mobile Augmented Reality Systems for Exploring the Urban Environment (Prototipagem de sistemas de realidade aumentada móvel 3D para exploração do ambiente urbano).* Actas ISWC '97 (Simpósio Internacional sobre Computação Vestível), Cambridge, MA. Obtido em 10 de fevereiro de 2002, em http://www.cs.columbia.edu/graphics/publications/iswc97.pdf

Feiner, S. (1999). *A importância de ser móvel: Some Social Consequences of Wearable Augmented Reality Systems*. Proceedings of IWAR '99 (International Workshop on Augmented Reality), São Francisco, CA, 20-21 de outubro de 1999, 145-148. Obtido em 4 de fevereiro de 2002, em http://www.cs.columbia.edu/graphics/publications/FEINERiwar99.pdfhttp://www.pnl.gov/microcats/fullmenu/minfuelcells.html

Harmon, Amy (2002). *Good (or Unwitting) Neighbours Make for Good Internet Access" [Vizinhos Bons (ou Inconscientes) Fazem um Bom Acesso à Internet]*. New York Times (4 de março). Recuperado em 1 de julho de   2002, de:

http://www.nytimes.com/2002/03/04/technology/04WIRE.html

Huxley, A. (1932). *Admirável Mundo Novo*. Nova Iorque: Buccaneer Books, Inc. *A televisão interactiva faz incursões*. (2000). Reuters. *New York Times*, 1 de dezembro.

Jin, Q., Waibel, A. (2000). *Aplicações de LDA ao reconhecimento de falantes*. Conferência Internacional sobre Processamento da Fala e da Linguagem, Pequim, China, outubro. 2000. Obtido em 10 de fevereiro de 2002, em http://www.is.cs.cmu.edu/mie/

Julier, S., Baillott, Y., Lanzagorta, M., Brown, D., Rosenblum, L. (2000). *BARS: Battlefield Augmented Reality system (Sistema de realidade aumentada no campo de batalha)*. Laboratório de Investigação Naval, Washington DC. Obtido em 28 de janeiro de 2002, em http://www.ait.nrl.navy.mil/vrlab/papers/cp_NATO00.pdf

Kiser, K. (2000). Wearable Training. *Inside Technology Training*. abril de 2000. Recuperado

10 de fevereiro   de   2002,   de

http://www.trainingsupersite.com/ittrain/pastissues/April00/apr00coverstory1.htm

Kramer, G., Walker, B., Bonebright, T., Cook, P., Flowers, J., Miner, N., Neuhoff, J., Bargar, R.,

Barrass, S., Berger, J., Evreinov, G., Fitch, W., Grohn, M., Handel, S., Kaper, H.,

Levkowitz, H., Lodha, S., Shinn-Cunningham, B., Simoni, M., Tipei, S. (1997).

Relatório sobre a Sonificação: Status of the Field and Research Agenda, preparado para a National Science Foundation por membros da International Community for Auditory Display. Obtido em 10 de fevereiro de 2002, em http://www.icad.org/websiteV2.0/References/nsf.html Kurzweil, R. (1999). *The Age of Spiritual Machines: Quando os computadores ultrapassam a inteligência humana*. New York: Viking.

Kurzweil, R. (2001). *The Law of Accelerating Returns (A Lei do Retorno Acelerado)*. Recuperado em

10 de fevereiro de 2002, de http://www.kurzweilai.net/meme/frame.html?main=/articles/art0134.html

Livro Mágico: Descrição do projeto. Laboratório de Tecnologia de Interface Humana, Universidade de Washington. Obtido em 3 de fevereiro de 2002, em http://www.hitl.washington.edu/magicbook/description.html

Mann, S. (1996). *Realidade Mediada por Computador sem Tetherless Vestível: WearCam as a Wearable face-recognizer and Other Applications for the Disabled*. Apresentação no Simpósio da Associação Americana de Inteligência Artificial, 1996. Obtido em 21 de janeiro de 2002 em http://wearcam.org/vmp.htm

Mann, S., Niedzviecki, H. (2001). *Cyborg: Digital Destiny and Human Possibility in the Age of the Wearable Computer [Destino Digital e Possibilidade Humana na Era do Computador Vestível]*. Canadá: Doubleday.

McAllister, D., Nyland, L., Popescu, V., Lastra, A., McCue, C. (1999). *Renderização em tempo real de ambientes do mundo real.* Obtido em 10 de fevereiro de 2002, de

ftp://ftp.cs.unc.edu/pub/publications/techreports/99-019.pdf

Meier, U., Stiefelhagen, R., Yang, J., Waibel, A. (2000) Towards Unrestricted Lipreading. *International Journal of pattern Recognition and Artificial Intelligence, Vol. 14, No. 5*, pp. 571785, Retrieved February 16, 2002, from http://www.is.cs.cmu.edu/mie/

Merritt, T. (2001). *Airport Privacy vs. Airport Security; Safer airports may come at the risk of embarrassingprivacyinvasions* . December11 .

http://www.techtv.com/cybercrime/story/0,23102,3349475,00.html

Micro Chemical and Thermal Systems. *Processadores de Combustível Compactos para Células de Combustível Portáteis ou Miniaturas.* RetrievedFebruary23 , 2002, from

http://www.pnl.gov/microcats/fullmenu/minfuelcells.html

Milgram, P., Kishino, F. (1994). A Taxonomy of Mixed Reality Visual Displays (Uma taxonomia dos ecrãs visuais de realidade mista). *IEICE Trans. Information Systems, Vol. E77-D, No. 12*. Obtido em 10 de fevereiro de 2002, em http://vered.rose.utoronto.ca/people/paul_dir/IEICE94/ieice.html

Instituto Nacional de Justiça. (2000). *Avaliação Nacional do Programa COPS - Título I da Lei do Crime de 1994*. (NCJ 183643) Washington, DC.

NYSTEC. (1997). *Relatório final do Projeto de Comunicações da Polícia do Estado de Nova Iorque*

- Fase I. Vol 3. Roma, NY: New York State Technology Enterprise Corporation. (Relatório não publicado).

Gabinete de Investigação Naval. *Sistema de Realidade Aumentada do Campo de Batalha (BARS)*. Recuperado em 28 de janeiro de 2002, de http://www.ait.nrl.navy.mil/vrlab/projects/BARS/BARS.html

Patch, K. (2002). Hot Spots Give Away Lying Eyes. *Notícias sobre investigação tecnológica*. Recuperado

23 de fevereiro de 2002, de

http://www.tmmag.com/Stories/2002/012302/Hot_manchas_denunciam_olhos_mentirosos_012302. html

Peli, E. (2000). *Visual Effects of Head Mounted Displays (Efeitos visuais dos ecrãs montados na cabeça)*. Instituto de Investigação Oftalmológica Schepens.

Recuperado em 10 de fevereiro de 2002, de http://www.microopticalcorp.com/Publications/Eli_Peli_Study.doc

Picard, R., Healey, J. (1997). Affective Wearables. *Personal and Ubiquitous Computing, Vol 1*.

Recuperado em 3 de fevereiro de 2002, de http://vismod.www.media.mit.edu/tech-reports/TR-467/index.html

Poulsen, Kevin (2002). "Honeypots WiFi Uma Nova Armadilha para Hackers". SecurityFocus online (segunda-feira, 29 de julho). Recuperado em 30 de julho de 2002, de http://online.securityfocus.com/news/552 *Project Aura:*

Computação ubíqua sem distracções. Universidade Carnegie Mellon. Recuperado

10 de fevereiro de 2002, de http://www-2.cs.cmu.edu/~aura/

Rauterberg, M. (1999). *Novas direcções na interação entre o utilizador e o sistema: Realidade Aumentada, Computação Ubíqua e Móvel*. Simpósio de Actas do IEEE sobre Interação Humana:

20 de maio de 1999. Recuperado em 9 de fevereiro de 2002, de

http://www.ipo.tue.nl/homepages/mrauterb/publications/IEEE99HI-paper.PDF

Robinett, W. (1992). Experiência sintética: Uma proposta de taxonomia. *Presença: Teleoperadores e Ambientes Virtuais 1,2 (primavera de 1992)*.

Robinson, Teri (2002). "Tracking People With Wireless Technology". *Wireless NewsFactor, 1 de agosto*. Recuperado em 1 de agosto de 2002, de http://www.newsfactor.com/perl/story/18845.html

Roth, Jeffrey, Joseph P. Ryan, Stephen J. Gaffigan, Christopher S. Koper, Mark H. Moore, Janice A. Roehl, Calvin C. Johnson, Gretchen E. Moore, Ruth M. White, Michael E.

Buerger, Elizabeth A. Langston e David Tacher (2002). *National Evaluation of the COPS Program: Título I da Lei do Crime de 1994*. Washington: Instituto Nacional de Justiça.

Shafer, S., Brumitt, B., Cadiz, J. (2001). *Questões de interação em sistemas inteligentes sensíveis ao contexto*

Environments.   RetrievedFebruary10   ,   2002,   from

http://research.microsoft.com/easyliving/Documents/2001%2003%20Shafer.doc

Shim, Richard (2001). "TiVo adiciona novos recursos ao serviço de gravador de TV". *New York Times* (sábado, 6 de janeiro).

Smailagic, A., Siewiorek, D. (1999). User-Centered Interdisciplinary Design of Wearable computers. *ACM Mobile Computing and Communications Review, Vol. 3, No. 3*. pp 43- 52. Obtido em 10 de fevereiro de 2002, em http://www-2.cs.cmu.edu/~asim/refs.html

Tristram, C. (2001, dezembro). The Next Computer Interface. *Technology Review,* 53-59. Departamento de Justiça dos EUA, Gabinete de Estatísticas da Justiça. (2001). *State and Local Law Enforcement*

Statistics.   RetrievedFebruary3 ,   2002,   from

http://www.ojp.usdoj.gov/bjs/sandlle.htm#computers

Departamento de Justiça dos EUA, Gabinete de Estatísticas da Justiça. (2001). *Law Enforcement Management and Administrative Statistics. Local Police Departments 1999*. Obtido em 3 de fevereiro de 2002, em http://www.ojp.usdoj.gov/bjs/pub/pdf/lpd99.pdf

Viire, E., Pryor, H., Nagata, S., Furness, T. (1998). *O ecrã virtual da retina: Uma nova tecnologia para a realidade virtual e a visão aumentada em medicina*. Actas de Medicine Meets Virtual Reality, San Diego, CA (pp. 252-257)

Wang, Z., Garlan, D. (2000). *Task-Driven Computing*. Projeto Aura, Carnegie Mellon

Universidade. Recuperado em 10 de fevereiro de   2002, de http://www-

2.cs.cmu.edu/~aura/docdir/wang00.pdf

Wrolstad, Jay (2002). "À medida que o WiFi se espalha, a insegurança aumenta". *Wireless NewsFactor*,   recuperado   em   1   de   agosto   de   2002,   de http://www.newsfactor.com/perl/story/18841.html

Wu, Y., Shan, Y., Zhengyou, Z., Shafer, S. (2000). *Painel visual: Rumo a um sistema móvel baseado na visão*

Interface de entrada para qualquer lugar. Obtido em 28 de janeiro de   2002, de

http://research.microsoft.com/easylivmg/Documents/2000%2009%20Wu%20for%20CHI .pdf

Young, Jeffrey R. (2002). Auto-descrito 'Cyborg' revela promessas e perigos de computadores vestíveis; o professor de engenharia está conectado há 20 anos. *Chronicle of Higher Education*. 3 de maio.   pg.   A31.   Recuperado   em   10   de   junho   de   2002,   de http://chronicle.com/free/v48/i34/34a03101.htm

Young, S. (2001). *Modelação estatística no reconhecimento contínuo da fala.* Actas da Conferência Internacional sobre Incerteza na Inteligência Artificial, Seattle, WA, agosto de 2001.

Obtido em 10 de fevereiro de 2002, de http://svrwww. eng.cam.ac.uk/~sjy/publicats.htm

I want morebooks!

Buy your books fast and straightforward online - at one of world's fastest growing online book stores! Environmentally sound due to Print-on-Demand technologies.

Buy your books online at
www.morebooks.shop

Compre os seus livros mais rápido e diretamente na internet, em uma das livrarias on-line com o maior crescimento no mundo! Produção que protege o meio ambiente através das tecnologias de impressão sob demanda.

Compre os seus livros on-line em
www.morebooks.shop

Printed by Books on Demand GmbH, Norderstedt / Germany